JN113602

行知学園教育叢書

EJU

日本留学試験対策

模擬試験問題集

日本語
記述・読解

JAPANESE AS A FOREIGN LANGUAGE
WRITING & READING COMPREHENSION

EXAMINATION FOR JAPANESE UNIVERSITY ADMISSION FOR INTERNATIONAL STUDENTS

行知学園
COACH ACADEMY

は じ め に

　日本留学試験（EJU）は，日本の大学に入学を希望する留学生を対象とした共通試験です。大学等で必要とされる日本語力及び各科目の基礎学力を評価することを目的とし，通常，年に2回実施されます。

　日本留学試験では，基礎的な知識だけでなく，総合的な考察力や思考力が必要となります。また，限られた時間の中ですばやく正解にたどり着くための読解力や判断力も要求される上に，マークシート形式という独特な解答形式に慣れる必要もあります。このような試験で高得点をとるためには，日本留学試験と同じ形式で出題された良質の問題に数多く接することが効果的です。

　本書は，上記のような点を踏まえ，過去にEJUで出題された問題を徹底的に研究・分析した上で作成された模擬試験形式の問題集です。形式・内容・レベルにおいて実際の試験に近い問題が全5回分収録されており，本番さながらの試験問題に数多くチャレンジすることができるようになっています。また巻末には正解だけでなく解説も付いています。本書を活用することによって，学力の向上とともに，揺るぎない自信を身につけることができるでしょう。

　この『日本留学試験対策 模擬試験問題集』シリーズ及び行知学園発行の姉妹書を徹底的に学習して，皆様が希望通りの未来に進み，ご活躍をされることを願います。

2024年6月

行知学園

本 書 に つ い て

　留学生のための進学予備校である行知学園は，これまで日本留学試験（EJU）に出題された問題を分析し，留学生の皆さんがどのように学習すれば試験に対応できる実践力，実力をつけられるかを研究してきました。本書は，その永年にわたる研究の成果を盛り込んだ問題集です。

▶ 日本留学試験（EJU）「日本語」について

　日本留学試験は年に2回，6月と11月に実施されます。出題科目は「**日本語**」，「**理科**」（物理・化学・生物），「**総合科目**」及び「**数学**」です。

　「**日本語**」は，「**記述**」「**読解**」「**聴読解**」「**聴解**」の4つの領域から構成されており，試験時間，配点及び試験内容は以下のようになっています。

領域	配点	時間	内　　容
記述	50点	30分	2つのテーマから1つを選び，小論文あるいは作文を書く。400〜500字。
読解	200点	40分	文章を読み，選択式の設問に答える。小問1つ10問，2つ6問，3つ1問。
聴読解	200点	55分	音声と視覚情報をもとに，選択式の設問に答える。12問。
聴解			音声を聴き，選択式の設問に答える。15問。
合計	**450点**	125分	

▶ 本書の特長・使い方

　本書は，日本留学試験の出題傾向に対応した「**記述**」と「**読解**」の模擬試験問題5回分と正解・**解説**を収録しています。問題は，日本留学試験「日本語」の出題形式・傾向・難易度に合わせて作成しました。また解説では，記述問題の解答例や採点基準，読解問題の解答の根拠となる本文の記述などを掲載しています。

　試験対策には，出題傾向に沿ったよい問題をたくさんこなして力をつけ，出題傾向やパターンを把握することが大切です。以下，「記述」「読解」のそれぞれの領域について，簡単に出題傾向を説明します。

● 記述

記述問題では，「**与えられた課題に沿って，自分の考えを，根拠を挙げながら筋道立てて書く**」ことが求められます。

出題されるテーマは，現代社会に関するものが多くなっています。テーマの例としては，教育，情報技術，文化，仕事などがあります。といっても，日常的な事柄が題材となっており，高度な専門知識が要求されるわけではありません。

出題形式は，以下の二つがメインになっています。

①ある事柄に関する二つの意見が紹介され，それらをふまえて自分の考えを述べるもの
②ある事柄について，理由や現状を説明したうえで，将来の予想や解決策を述べるもの

ただし，問題文の書かれ方には複数のパターンがあります。本書ではさまざまなパターンの問題を出題しているので，ぜひ5回分すべてに挑戦してみてください。

また，記述問題では，原稿用紙の正しい使い方に従って書く必要があります。使い方の基本的なルールを**p.164**にまとめているので，問題を解く前に確認してください。

● 読解

読解問題では，人文系・社会系・科学系・芸術系などの幅広い分野から問題文が選ばれています。また，「大学からのお知らせ」等の実務的・実用的文章も出題されます。文章自体の難易度はそれほど高くありませんが，制限時間に対して問題数が多いので，素早く読む必要があります。

出題される問題としては，以下のようなものが多くなっています。

①本文の内容や筆者の考えと合っている説明を選ぶもの
②下線部や，ある事柄について，理由や適切な説明を選ぶもの
③空欄に入る適切な言葉を選ぶもの（各回1～3問程度）

①の問題では，本文の主旨を把握する力，②の問題では，指示されている事柄に関する記述を素早く見つける力が重要になるでしょう。

読解の解説では，解答の根拠となる本文の記述を掲載しています。間違えた問題は，必ず正解・解説を確認するようにしましょう。

目　次

はじめに ·· iii

本書について ·· iv

第 1 回　模擬試験 ································ 1

第 2 回　模擬試験 ································ 29

第 3 回　模擬試験 ································ 57

第 4 回　模擬試験 ································ 85

第 5 回　模擬試験 ································ 113

正解と解説 ·· 141

付録 ··· 163

　記述問題の解答の書き方　164
　解答用紙　165

模擬試験

第1回

記述問題は，二つのテーマのうち，<u>どちらか一つ</u>を選んで，記述の解答用紙に書いてください。

　　解答用紙の<u>テーマの番号</u>を○で囲んでください。

　　文章は横書きで書いてください。

　　読解問題は，問題冊子に書かれていることを読んで答えてください。

　　選択肢１，２，３，４の中から答えを一つだけ選び，読解の解答欄にマークしてください。

記述問題

　以下の二つのテーマのうち，どちらか一つを選んで400〜500字程度で書いてください（句読点を含む）。

1.
　日本の学校は宿題をたくさん出します。しかし，宿題があることにはよい点がある一方で，問題となる点もあるようです。
　学校の宿題があることについて，よい点と問題となる点の両方に触れながら，あなたの考えを述べなさい。

2.
　最近，動物をペットとして飼う人が増えています。しかし，ペットを飼うことにはよい点がある一方で，問題となる点もあるようです。
　ペットを飼うことについて，よい点と問題となる点の両方に触れながら，あなたの考えを述べなさい。

読解問題

I　次の文章の内容と合っているものはどれですか。　　　　　　　　　　$\boxed{1}$

　　なぜスーパーの食材に安いものと高いものがあるかというと，供給過剰気味な商品は値段が下がる，供給希少なものは値段が上がるからです。特に，果物，野菜，魚の場合は，＊旬のものは供給量が大きく値段が下がりやすいという特徴があります。肉類や加工食品には，この傾向はあまりありませんから，単に「セール」しているか否かだけがポイントになります。そして大切なことですが，旬のものは栄養価に富み，なにより美味しい可能性が高いという特徴を持っています。春のタケノコやキャベツ，初夏のハモや穴子，秋のぶどう，桃，サンマ，冬のブリなどなど。

　　さらにいうならば，季節的に旬の食材は，その季節の気候に合った料理を提供してくれる可能性が高いです。

（岩田健太郎『実践　健康食』光文社新書　を参考に作成）

　＊旬：食べ物の味が最も良い時期

１．供給が少ないものは高くなりがちだが美味しい。
２．旬のものを買えば安く美味しいものが食べられる。
３．供給が過剰なものは品質が良くないものが多い。
４．旬のものは高いが栄養価に優れ美味しい。

学生定期健康診断のお知らせ

　本年度の学生定期健康診断の詳細をお知らせします。お知らせをよく読み，忘れずに受診するようにしてください。

● 対 象 者　　本学の学部学生・大学院学生
● 日　　程　　４月17日（月）～５月18日（木）　毎週月曜日から木曜日
　　　　　　　　９時～12時30分，14時～15時30分
● 場　　所　　保健センター２階　健康診断会場
● 注意事項
　・健康診断は完全予約制です。電話での予約は受け付けておりませんので，ご自身で予約サイトにて予約をお取りください。
　・受診予約前に必ずWeb問診を済ませてください。Web問診をせずに予約をした場合，予約は無効になります。
　・検査しやすいように，できるだけ着脱しやすい服装でお越しください。
　・健康診断証明書は健診受診後，約３週間後から発行します。それ以上早めることはできません。
　・この期間中に受診しない場合，来年度まで健康診断証明書等は発行できません。他の医療機関にて健康診断を受診し，健康診断証明書を作成する場合の費用は自己負担となります。
● 必ず持参するもの
　学生証，採取した尿検体，予約番号を確認できるもの
● 検査項目
　尿検査，問診・血圧測定，心電図検査，胸部Ｘ線撮影，身長・体重・腹囲，血液検査
※尿検査容器は事前配付します。健診当日の朝，起床後すぐの尿を採取してください。
※血液検査は，空腹状態で行う必要があるため，午前に受診の方は朝食を抜き，午後受診の方は朝食を午前７時までに済ませ昼食を抜いてください。

１．検診当日は，全員朝から絶食しなければならない。

２．尿検査容器は検診当日に検診会場で配布される。

３．学校が提携する病院なら，無料で健康診断証明書を発行できる。

４．Web問診をしてからでないと受診予約はできない。

III 筆者は，マイカー利用者の増加によって都市構造がどのように変化すると言っていますか。　　　　　　　　　　　　　　　　　　　　　　　　　　　3

　公共交通の衰退にはさまざまな背景があるが，地域の活性化，まちづくりという観点から，…（略）…＊モータリゼーションに伴う都市構造の変化と公共交通の衰退の関係に焦点を当ててみよう。
　どちらが原因でどちらが結果かは，単純ではないが，現実には，＊＊負のスパイラルが発生している。すなわち，マイカー利用者の増加で，公共交通の利用者が減少すれば，路線の廃止や本数の減少で公共交通が不便になる。そうなれば，さらにマイカー利用が増え，公共交通の利用者は減る。また，マイカー利用者が増えれば，中心市街地の商店街への人出は減り，郊外の駐車場が完備された大型ショッピングセンターのほうに人は流れる。従前の鉄道やバス路線の利用価値は下がり，ますます利用者が減る。そして，さらなる路線の廃止・縮小が続くのである。
　このような負のスパイラルによって，地域はどのような状態にあるのだろうか。
　これもすでに多くの指摘があるとおり，都市構造という点からいえば，中心市街地の空洞化と＊＊＊スプロール化である。シャッター街は空き地や駐車場になり，閉鎖された大型店舗は，廃墟ビルとして壊すに壊せぬまま，街中に居座り続ける。

（宇都宮浄人『地域再生の戦略』筑摩書房）

＊モータリゼーション：自動車が普及する現象
＊＊負のスパイラル：悪い循環が起きること
＊＊＊スプロール化：市街地が無計画に郊外へと広がっていくこと

1．中心市街地では大型店舗の利用者が増える。
2．中心市街地がさびれ，郊外に人が流れていく。
3．郊外に行くための公共交通の利用者が増える。
4．郊外の大型ショッピングセンターが駐車場になる。

Ⅳ　下線部「学ぶというのは創造的な仕事です」とありますが，筆者がそう述べるのは
　　なぜですか。　　　　　　　　　　　　　　　　　　　　　　　　　　　　4

　　学ぶというのは創造的な仕事です。

　　それが創造的であるのは，同じ先生から同じことを学ぶ生徒は二人といないからです。

　　だからこそ私たちは学ぶのです。

　　私たちが学ぶのは，万人向けの有用な知識や技術を習得するためではありません。自分
がこの世界でただひとりのかけがえのない存在であるという事実を確認するために私たち
は学ぶのです。

　　私たちが先生を敬愛するのは，先生が私の唯一無二性の保証人であるからです。

　　もし，弟子たちがその先生から「同じこと」を学んだとしたら，それがどれほどすぐれ
た技法であっても，どれほど洞察に富んだ知見であっても，学んだものの唯一無二性は損
なわれます。だって，自分がいなくても，他の誰かが先生の教えを伝えることができるか
らです。

　　だから，弟子たちは先生から決して同じことを学びません。ひとりひとりがその*器に
合わせて，それぞれ違うことを学び取ってゆくこと。それが学びの創造性，学びの主体性
ということです。

（内田樹『先生はえらい』筑摩書房）

　　*器：ここでは，個性

　１．学びとは知識を得たうえで，その知識から何かを生み出すことだから
　２．同じ先生からの教えであっても，学び取ることは人それぞれ違うから
　３．先生から教わったことは，他の誰にも伝えることができないから
　４．学ぶことは，自分自身を唯一無二の存在に作り変えていくことだから

Ⅴ 下線部「気象を変化させる可能性」とありますが，その変化はどのようなものだと筆
者は言っていますか。　　　　　　　　　　　　　　　　　　　　　　　　　　 5

　新型コロナウイルスは，気象を変化させる可能性すらあるであろう。それは2001年アメ
リカ同時多発テロの後に起きた変化から推測することができる。
　テロの後，アメリカでは航空機の飛行が３日間原則禁止された。アメリカの空から飛行
機が一気に姿を消したのである。飛行機雲が消えたおかげで青空が広がり，太陽が降り注
いで昼間の気温が上昇した。一方で，雲のない夜間には地面からの熱が放出されて気温が
下がった。こうして昼と夜の気温差がいつもより１℃大きくなったと報告されている。ご
く短期間の空の変化が，気温を変える可能性があることが分かった。
　＊いまアメリカでは，１日あたりの航空機の乗客数が10万人を割り込み，70年前の水準
にまで下がり，欧州でも９割近くが減便していると聞く。今後さらに欠航が相次ぐと予想
される中で，同時多発テロの時よりもさらに大きな気象の変化が現れる可能性もある。

　　　　　　　　　　　　　　　　　　　（森さやか『いま，この惑星で起きていること』岩波書店）

＊いま：新型コロナウイルスが世界的に流行した2020年

１．雨量が減り空気が非常に乾燥する。
２．日中と夜間の寒暖差が大きくなる。
３．夏と冬の気温差が大きくなる。
４．地球温暖化がさらに進行する。

VI 次の文章で，筆者は，読書とスポーツの共通点はどのようなものだと言っていますか。

6

　本は「〜しながら読む」ことができません。YouTubeを見たり，音楽を聴きながら別の作業をすることはできますが，本はなにかをしながらでは読めません。目で文字は追えても，気持ちが入っていかないと，内容が頭に入ってこないのです。読書はスポーツと同じ。とても*アクティブな活動です。

　スポーツと読書をもう少し比べてみましょう。

　サッカーでもテニスでも，始めた頃はもたもたします。リフティングができるようになるまで，何回も何回もボールを蹴って，コツを身につけます。読書もそれと同じ。

　小さい時から本を読みなれている人は，文章を追いながらストーリーや要点をつかむことに慣れているのだと思います。たとえば，知らない言葉に出会っても，前後の流れから意味をつかむことができるし，わからない言葉につまずいて，本を読むのをやめたりしないのです。

（木下通子『知りたい気持ちに火をつけろ！』岩波書店）

　＊アクティブ：能動的

1．他の作業と同時にはできず，また指導を受けてできるようになる点
2．集中して行う必要があり，また練習によってできるようになる点
3．自分の意思で取り組むものであり，また小さい頃から始める必要がある点
4．体力を消耗するものであり，また慣れてコツをつかめばできるようになる点

　宇宙から地球を見ると，大気だけが見えるわけではないですよね。海だけが見えるわけでもないし，大陸だけが見えるわけでもなく，生物だけが見えるわけでもありません。

　全体がひとつのつながったものとして見える……こういう対象を称して「系」とかあるいは「システム」と言います。

　従って宇宙から地球を見たときにどう見えるかと言えば，地球はひとつのシステムだということができます。

　…（略）…

　近代科学というのは「二元論」と「要素還元主義」という方法論で，自然という対象を理解しています。どういうことかというと，要素還元主義というのは対象をどんどん細かくして見てゆくということです。

　細かくして見るということは，考える枠組みを細かくとるということにつながります。考える枠組みを細かくとっていくということは，全体がひとつとして見えるとかいうこととは逆のことです。地球として全体が見えているのを絞り込んでいくわけです。たとえば，「大気」とか。「大気の中でも，日本列島の上空の大気」とかというように……。

　そのうえで対象は何なのか，という議論をするのが，自然科学の方法論なのです。

（松井孝典「地球の行方」糸井重里『学問は驚きだ。』ぴあ）

1．近代科学では，自然を理解する際にシステムという考え方を用いない。

2．近代以降の科学では，全体を要素に細分化した後で，再度それを統合する。

3．系やシステムという概念は，近代に入ってから研究者の間で使われるようになった。

4．要素還元主義とは，地球全体を研究対象として扱おうとするものである。

VIII　筆者は，若者が擬音語・擬態語を使って気持ちを伝えようとするのはなぜだと述べていますか。　　　　　　　　　　　　　　　　　　　　　　　　　　　　8

　若者はなぜ，擬音語・擬態語という特殊な言葉を使って気持ちを伝えようとするのでしょうか？　普通の言葉で伝えることだって出来るのです。「冷や汗，出ちゃうよ」などと。ところが，若者は，「たりーん」と擬態語を使って表現する。それは，擬音語・擬態語しか持っていない機能を使いたいからです。擬音語・擬態語だけが持っている機能，それは，感覚的に伝えることが出来ること。擬音語・擬態語は，普通の言葉にはない，感覚に訴えかけるという特質を持った言葉です。

　「カーン」といえば，硬いものがあたったときに響く高い音をじかに耳にした感じがします。「にょろり」というと，ヘビなどの細長い生き物が動く感触を味わいます。こういう感覚に訴えかけてくる力を，普通の言葉は持っていません。たとえば，「打つ」「動く」を思い浮かべてください。擬音語・擬態語のように，直接，感覚に訴えかけてくる感じはないですね。

　若者たちが，擬音語・擬態語を多用するのは，自分たちの気持ちを，理性的にではなく，感覚的に伝えたいということです。「ずーん」で落ち込んでいく気持ちを，「どどーん」で衝撃的な気持ちを感覚的に伝えたいのです。

（山口仲美『若者言葉に耳をすませば』講談社　を参考に作成）

１．気持ちは理性的なものではなく感覚的なものだから
２．普通の言葉を使うと会話が盛り上がらないから
３．物事を大げさに伝えることができるから
４．自分の気持ちを感覚的に受け取ってもらえるから

　最近，自分自身のホームページやブログなどで，写真を公開されている方が増えている。自分が撮った写真だからどんなものでも，自由に公開できると思っておられる方が結構多い。しかし，「肖像権」は印刷物や展示で問題となるケースばかりではない。Web上でも，不特定多数の人が自由に見られるわけだから，むしろこちらの方が掲載や公開には注意が必要である。とくに人物の写っている写真を公表するときは，事前に掲載を＊断っておくことが大事である。公表できる場は拡大したにもかかわらず，公表の仕方によっては被写体（人物）の尊厳を侵している場合もあることを認識しておかなくてはいけない。

　「肖像権」には「＊＊みだりに撮影されたり，勝手に公表されない権利」（プライバシーの権利）と「利用に対しての財産的利益の請求権」（パブリシティー権）があることも知っておいて欲しい。前者は撮影や公表に関してのものであるが，後者は利用の仕方に関しての問題である。

　人物を撮影した写真が商業的な目的，商品広告や宣伝，パッケージや観光宣伝などに使われるときは，前者以上に厳しい制約があることも知っておいて頂きたい。許可なく使ったりすると多額の賠償請求があったりするので十分注意したい。

（松本徳彦「『肖像権』とはなにか」

日本写真家協会編『スナップ写真のルールとマナー』朝日新聞出版）

＊断って：事前に知らせて

＊＊みだりに：勝手に

1．人物の写真を撮るのは自由だが，撮った写真を公開するには許可が必要になる。
2．人物が写っている写真を使って商品を作ることには，特に厳しい制限がある。
3．自分が運営しているWebサイトであれば，写真は自由に掲載できる。
4．写真を出版物に載せる場合は，Web上で公開する場合よりも注意が必要である。

X　次の文章で筆者が紹介しているニュースレターによれば，教養とはどのようなもので
　　すか。
　　　　　　　　　　　　　　　　　　　　　　　　　　　　　　　　　　　10

　　私が学生の頃，東京大学の教養学部に，学部が発行している「教養学部報」というニュー
スレターがありました。誰が書いていたかは忘れてしまいましたが，そこにはこのように
書かれていました。
「私たちはいろいろな学問を研究している。教養とは，自分が取り組んでいる学問が，学
問全体の＊コンステレーションの中でどこを占めているのかをわかっていることだ」
　　要するに，学問全体の動きや流れ，その時代の傾向，いまどのように研究されているか，
あるいはその学問の特徴などに常に目を向け，全体の知の構造の中で，「私はここをやっ
ている」ということがわかる人だというのです。
　　全体の中で位置づけることができると，「ここがわかったら，こっちもわかってくるの
かな」と関連したことに対して予測をすることもでき，「分野が違うけど，あの人の研究
は私の研究と似ている。同じようなことをやっているのかもしれない」と気づくことがで
きます。そういう姿勢を教養があるというのです。これを読んだとき，なるほどと思いま
した。

（汐見稔幸『教えから学びへ』河出書房新社）

　　＊コンステレーション：星座。体系

１．学問全体の発展に貢献することを目標にして，自分の研究に取り組むこと
２．学問全体の動向を常に追いかけ，それを自分の研究に生かそうとすること
３．自分が研究していることを，学問全体の構造の中に適切に位置づけられること
４．自分が研究している分野以外の，幅広い分野に対しても関心を持つこと

XI　次の文章を読んで後の問いに答えなさい。

　　防災グッズは世の中にかなり普及しているようで，多くの品が販売されています。基本
的には地震でも，火山でも，津波でも，火災の避難でもその内容はあまり変わりません。
自分で考えるのはめんどくさい，何を用意してよいか分からないという人は，とりあえず
市販品を購入することを勧めます。そして，その内容を調べ，自分に必要なもの，不要な
もの，家族にとって必要な物を入れ替えていったらどうでしょうか。赤ちゃんを連れての
避難の時は特に配慮が必要です。
　　防災グッズの内容は時間の経過によっても変わるので，グッズを用意していた時は幼児
だった子供が，いつの間にか成長し一人前のグッズが必要というようなこともあるでしょ
う。グッズに完全なものはありません。一年に一度，9月1日の防災の日にでも，家族で
防災グッズを点検するようになればベストです。それによって家族全員の防災意識が向上
します。私が知る限り，防災グッズを用意した家庭の多くが，*線香花火的に，大地震の
後などに用意はしても，時間がたてばその所在すら忘れています。いざというときには役
立たなくなっています。…（略）… 一家の防災意識を維持するためにも，家族での「防
災グッズ点検日」を設けたらどうでしょうか。

（神沼克伊『あしたの防災学』青土社）

　＊線香花火：ここでは，すぐに勢いがなくなることのたとえ

問1　防災グッズについて，筆者の考えと合っているものはどれですか。　11

1．防災グッズは赤ちゃんに必要なものをまず用意すべきである。
2．必要になる防災グッズは，どのような人でも共通している。
3．想定する災害の種類によって，選ぶべき防災グッズは大きく異なる。
4．防災グッズの中身は，家庭の状況に応じて変えるのがよい。

問2　下線部「いざというときには役立たなくなっています」とありますが，防災グッズについて筆者がそのように述べているのはなぜですか。　12

1．子供が成長すると防災グッズは必要なくなるから
2．必要になる防災グッズは時と共に変化していくから
3．大規模な災害では防災グッズを使える場面がないから
4．防災グッズの正しい扱い方を家族が知らないから

XII　次の文章を読んで後の問いに答えなさい。

　地図は地表をありのままに描いているわけではなく，抽象化したり省略したりしながら作成された記号の集合体です。言語学者フェルディナン・ド・ソシュールは，言葉や図形などの記号とその指示物との関係には，必然的なつながりがないと述べています。（　Ａ　），郵便局を「〒」で表すのは日本だけで，外国では別の記号が使われています。日本に住んでいる人なら，その由来が明治期から郵便事業を管轄していた逓信省の頭文字「テ」を図案化したものであることを知らなくてもその記号が郵便局を指していることは容易に理解できるでしょう。

　このように，記号は国や地域の慣習によって選ばれてはいますが，地図記号の中にはひと目で指示物が連想できるものとそうでないものがあります。たとえば，道路や河川は地表での形状に合わせた線状の記号で示されています。このように指示物からの抽象度が低い「多弁な記号」を，記号論ではイコンと呼んでいます。これは，地域による表現の違いはあまりありません。一方，役所を◎で表すような場合は，指示物がかなり抽象化されているため，地図記号の意味を記した凡例がないと理解するのは難しいかもしれません。こうした「寡黙な記号」のことを記号論ではシンボルと呼んでいます。

（若林芳樹『デジタル社会の地図の読み方 作り方』筑摩書房)

問1　（　A　）に入るものとして，最も適当なものはどれですか。　　　13

1．たとえば
2．しかし
3．むしろ
4．もしくは

問2　下線部「寡黙な記号」とは，どのような記号のことですか。　　14

1．示している対象を連想しやすい記号
2．示す対象が決まっていない記号
3．示している対象から形がかけ離れている記号
4．意味の多様な解釈が可能な記号

XIII　次の文章を読んで後の問いに答えなさい。

　コンビニで，ポテトチップスとお茶と洗剤を買ったとします。レジに並び，会計のタイミングで，店員さんが，「別にしますか」と訊いてくる。それに対してこちらが「あ，いっしょで」と答える。ここでは「話し言葉」というメディアが使われていますが，それだけではないはずです。その証拠に，こうして文字に起こしてしまうと，ほとんどその意味が伝わりません。

　店員さんが「(1)別にしますか」と言ったとき，彼／彼女が言わんとしていたのは，「ポテトチップスとお茶は食品だが，洗剤は食品ではなく，摂取すると危険な場合がある。それらを同じレジ袋に入れてもよいか，それとも別にするか」ということでした。そのことを示すために，彼／彼女はおそらく，洗剤を手に持ってこちらに見せたり，カウンターに置かれたそれを手で指し示したり，レジ袋をもう一枚取り出すふりをしたり，何らかの非言語的な動作を同時にしているはずです。さらに，動作をするだけではなくて，こちらに視線を送ったり，問いかける表情を作ったり，話しかけるタイミングに配慮したりもしているでしょう。つまり，彼／彼女は，記号的なものも物理的なものもひっくるめてさまざまな手段を同時並行で使いながら，「ポテトチップスとお茶は食品だが，洗剤は食品ではなく，摂取すると危険な場合がある。それらを同じレジ袋に入れてもよいか，それとも別にするか」ということを問いかけているのです。これが，(2)コミュニケーションに含まれるメディアの多様性です。

（伊藤亜紗『手の倫理』講談社）

問1　下線部(1)「別にしますか」とありますが，この言葉で店員が聞こうとしているのはどのようなことですか。　　　　　　　　　　　　　　　15

1．ポテトチップスとお茶は同じ袋に入れても問題ないか
2．お茶と洗剤だけ手に持って帰るか
3．食品と洗剤はそれぞれ別の人が会計するか
4．食品と洗剤はそれぞれ別の袋に入れたほうがよいか

問2　下線部(2)「コミュニケーションに含まれるメディアの多様性」を説明したものとして，最も適当なものはどれですか。　　　　　　　　　16

1．人と接する際は，言葉より身ぶりのほうが気持ちを伝えやすいということ
2．人と接する際は，もっぱら言語的メディアが使われるということ
3．相手に何かを伝える際は，言葉と身ぶりなど複数の手段を使うということ
4．相手に何かを伝える際は，なるべく写真や図を使った方がよいということ

XIV　次の文章を読んで後の問いに答えなさい。

　私たちは健康でない状態であれば，当たり前だが治療を受ける必要性を感じる。しかし，治療を継続するには努力と強い意思が欠かせない。治療を大事ではないと思ったり，面倒になったりしてやめてしまったことのある人もいるだろう。医師あるいは*セラピストの指示に従い，正しい行動に準じることを医学専門用語では「コンプライアンス」というが，患者のコンプライアンス（＝治療を継続する意思）を高めることは大きな課題である。

　この時，つらくないし億劫でもない気軽に受けられる治療が，もっと言えば楽しい治療があれば，私たちは治療を受けやすくなる。現在の多くの治療は健康を取り戻すことが第一義であり，楽しさは脇に置かれている。健康を取り戻せる限りはその過程がつらく，つまらないものでも仕方ないとされている。まさに「良薬は口に苦し」である。腫瘍を取り除くような治療であれば，それも当然かもしれない。しかし，精神や心を治療する上で楽しくない方法を取ることは望ましくない。心の病気には様々な因子が関わるが，患者の気分も大きな比重を占める。言い変えると，楽しくないとコンプライアンスを保つのが難しいのだ。

（パントー・フランチェスコ『アニメ療法』光文社新書）

＊セラピスト：病気や障害の治療にあたる人

問1　筆者は，下線部「現在の多くの治療」はどういうものだと言っていますか。　17

1．なるべく多くの薬を患者に与えようとするもの
2．続けたくなくなるほど大変だったり面倒だったりするもの
3．コンプライアンスを保ちやすい，気楽に取り組めるもの
4．完治まで時間がかかるうえ，効果もあまり期待できないもの

問2　筆者は，心の治療には何が大事だと言っていますか。　18

1．患者が楽しく気軽に治療を受けられること
2．患者の負担が大きいが効果も高い治療法を選ぶこと
3．医師の考えを患者にはっきりと示すこと
4．時間をかけて段階的に治療していくこと

XV　次の文章を読んで後の問いに答えなさい。

　*ラッコは北の海にすんでいて貝，ウニ，カニなどを食べます。そのために北太平洋の沿岸で漁業に害があるということで駆除されました。ところが思わぬことに，こうしてラッコを少なくしたら，漁獲高が増えるどころか減ってしまったのです。なんだかなぞなぞのようです。

　そこでこの場所の生物を調べてみたら，コンブが少なくなっていることがわかりました。コンブは陸上の森林のように大きな群落をつくります。そこにはコンブを利用する魚や，さまざまな小動物がすんでいます。魚はほかの魚や哺乳類などから食べられないように，コンブ群落を隠れ家としても使うのです。そのためにコンブがなくなったせいで漁獲高が下がったのです。これは関係者が予測もしなかったことです。でもラッコは肉食獣であり，コンブを食べるわけではありません。それなのになぜ，ラッコを減らしたらコンブが減ったのでしょうか。

　その答えはウニにありました。ラッコはウニを大量に食べますが，そのウニがコンブを食べるのです。ですからラッコを駆除したら，ウニが増え，そのウニがコンブを食べてしまったのです。こうして，まわりまわってラッコの駆除がコンブ群落を減らし，それが魚を獲れなくしたのです。この反省からラッコを回復させたところ，コンブ群落ももどってきて魚も獲れるようになりました。

　この話は重要な教訓を含んでいます。ラッコは確かに海産物を食べ，漁業被害を出す動物です。しかし，生きものがつながって生きているという自然のしくみを知らないで，ラッコが犯人に違いないと決めつけて駆除したのはまちがいだったのです。

（高槻成紀『野生動物と共存できるか』岩波書店）

＊ラッコ

問1　下線部「コンブがなくなったせいで漁獲高が下がった」のは，なぜですか。　19

１．コンブという隠れ家がなくなった魚が捕食者に食べられやすくなったから
２．コンブが減り食料が減ったラッコが魚をより食べるようになったから
３．コンブが減ったことでウニが増え，魚がウニによって追い出されたから
４．コンブが少なくなりそれを食料にしていた魚の数が減ったから

問2　この文章の内容と合っているものはどれですか。　20

１．一度コンブが減ると，ウニを減らしても元には戻らない。
２．ラッコが漁業被害を出すというのは誤解である。
３．人間によるコンブの乱獲がなくなれば漁獲量は回復する。
４．ウニの増えすぎは結果的に漁獲量の減少をもたらす。

XVI　次の文章を読んで後の問いに答えなさい。

　複雑で多様化した社会を対象とした政治情報を的確に把握することは困難で，情報の多くは，マスメディアやインターネットを通じて獲得せざるをえません。他方，国民代表たる政治家は，不断に有権者の意見を聞いて，あるいはその意向に想像をめぐらせて，政治過程に反映していかなければなりません。有権者と国民代表との日常的な相互作用が政治活動です。選挙に際しては，有権者は，候補者の人物，政策，所属政党の政策などを吟味し，投票を通じて，主権者としての選択を意思表示することになります。有権者は，国民代表を選出するために必要な情報と資料を十分に提供されなければなりません。そうした情報と資料提供の機会が，選挙運動です。選挙運動とは，「特定の選挙で，特定の候補者を当選させようとして働きかけること」をいいます。

　選挙運動においては，候補者が有権者に働きかけるばかりでなく，有権者が候補者に，さらに他の国民に，積極的に働きかけることが重要です。国民それぞれが正しい情報を得るためには，マスメディアやインターネットだけでなく，政治家や他の国民との*フェイスツーフェイスの対話による意見の交換も，多元的な観点から情報を吟味するために必要だからです。

　そういうわけで選挙運動は，候補者や選挙運動員だけが行うわけではありません。特定の公務員や公民権停止中の者など一定の者を除きますが，有権者であれば，誰でも選挙運動を行うことができます。

（糠塚康江『議会制民主主義の活かし方』岩波書店）

＊フェイスツーフェイス：直接顔を合わせて行うこと

問1　筆者は，政治家についてどのように述べていますか。　　　21

1．インターネットを通して情報発信するのがよい。
2．国家よりも国民の利益を優先しなければならない。
3．国民の声を聞き，それを政治に生かすべきである。
4．有権者に対して公開する情報は制限すべきだ。

問2　選挙運動について，この文章の内容と合っているものはどれですか。　　　22

1．選挙運動は国民固有の権利であり，誰でも行うことができる。
2．選挙運動には，有権者から候補者に働きかけて情報を得る行為も含まれる。
3．選挙運動の際に最も有権者に伝えるべきことは，候補者自身の政策である。
4．選挙運動においては，候補者同士のコミュニケーションが非常に重要である。

XVII　次の文章を読んで後の問いに答えなさい。

　光あふれるガラス張りのモダン建築の美術館，あるいはオーソドックスな暗い室内照明の美術館……どちらが作品にとって居心地がいいかと申し上げると，それは断然，後者ということになります。美術品にとっての最大のタブーの一つは日光だからです。保存のためには，できうる限り，光を遮（さえぎ）りたい。もちろん，温度，湿度などの空気まわりの環境も大切です。基本的には空調は21度±２度以下，湿度は50±３〜５パーセント以下程度の変化に保つ，というのが国際的原則ですが，採光もまた美術鑑賞にとって最も高い関心事の一つに挙げられるのです。

　なぜなら，目という認識器官を通して享受される美術作品を生かすも殺すも，すべて光が寄与するからです。そして同時に，異なる波長の紫外線や赤外線などを含む光は，美術品にダメージを与える元凶の一つでもある，というやっかいな面もそなえているのです。

　（　Ａ　）最近はガラス張りの光をふんだんに採り入れた建築物が人気です。確かに訪れる鑑賞者にしてみれば，そういった美術館も開放感があって気持ちがよいものです。ですが，私自身は，光あふれる美術館に訪れると，すかさず心のなかで想像します。「ああ，建築家が*イニシアティブを握ったんだな」と。

　ここ最近の日本の建築業界は，ますます**スクラップ・アンド・ビルドが加速していますから，商業ビルなどの寿命も50年から30年に縮まっているといわれます。そういう現状のなかで，建築家にとって美術館というのは，半永久とはいかないまでも，ある程度長期的に保存される施設として，非常にチャレンジしがいのある対象です。美術館設計はクリエイティブな面においても創作力を刺激される。…（略）…　有名建築家がこぞって美術館を手掛ける理由もそのあたりにあると推測されます。

　おのずと，建築家と施工主である美術館側には摩擦が生まれます。美術館側，とくに学芸員側にとっては，作品の保存は常に最優先課題ですから，採光を念頭にそこから発想すれば，ある程度閉ざされた空間演出を望みます。一方の建築家にとっては，逆に採光が空間デザインの最優先事項だったりする。彼らはどうしても光を入れたいと考えますから。そこで大きなボタンの掛け違いが生じてしまうのですね。採光についての扱いをよくよく調整しないと美術館づくりは失敗に終わることが多い。その点が，ほかの商業建築や公共建造物と一線を画すところだと思います。

（高橋明也『美術館の舞台裏』筑摩書房）

＊イニシアティブ：主導権

＊＊スクラップ・アンド・ビルド：古い建物を壊して新しい建物に置き換えること

問1　（　Ａ　）に入るものとして，最も適当なものはどれですか。 23

1．そのため

2．ところが

3．要するに

4．なぜなら

問2　下線部「有名建築家がこぞって美術館を手掛ける理由」として，最も適当なものは
　　どれですか。 24

1．美術館を設計すれば，後世に名を残せるから

2．美術館は寿命が長いうえ，自らの創造力を発揮できるから

3．太陽光が差し込む開放的な美術館を設計したいから

4．芸術作品を長期的に保存できる美術館をつくりたいから

問3　この文章の内容と合っているものはどれですか。 25

1．学芸員が目指すものと建築家が目指すものは対立しがちだ。

2．光が差し込まない構造になっている美術館がだんだん増えてきた。

3．技術の向上によって，建築物が保存される期間は長くなっている。

4．美術館の職員は，鑑賞者の居心地のよさを第一に考えるべきだ。

模擬試験

第2回

記述問題は，二つのテーマのうち，<u>どちらか一つ</u>を選んで，記述の解答用紙に書いてください。

　解答用紙の<u>テーマの番号</u>を○で囲んでください。

　文章は横書きで書いてください。

　読解問題は，問題冊子に書かれていることを読んで答えてください。

　選択肢１，２，３，４の中から答えを一つだけ選び，読解の解答欄にマークしてください。

記述問題

　以下の二つのテーマのうち，**どちらか一つ**を選んで400〜500字程度で書いてください（句読点を含む）。

1.

　近年，トラックの運転手として働く人が不足している地域が増えています。

　トラックの運転手が不足しているのはなぜでしょうか。また，この問題に対してどうすればよいと思いますか。あなたの考えを述べなさい。

2.

　近年，様々な国で，観光客が多すぎることによる観光公害（オーバーツーリズム）が問題となっています。

　観光公害が起こっているのはなぜでしょうか。また，この問題に対してどうすればよいと思いますか。あなたの考えを述べなさい。

読解問題

I 筆者は，若者にとって方言とはどのようなものだと考えていますか。　　　1

　若者たちは，なぜ方言を好むのでしょうか？　方言は，普段使っていないので新鮮さがあります。それが，好奇心旺盛な若者たちをひきつけるのです。関西弁は，表現にまろやかさを与えてくれるし，東京近県の方言は，響きが田舎くさく，それが受けて笑いに連なります。若者世代には，もはや方言蔑視は薄く，方言を楽しんでいるのです。井上史雄さんは，『変わる方言 動く標準語』で，現在を「方言娯楽」の時代と呼んでいますが，まさに若者はその最先端を行っています。

　… （略）…

　若者の間では，方言は悪いという風潮は姿を消して，それをユーモアや温かさを出すために適宜使っていることが分かります。方言撲滅運動を実施していた戦前までとは，隔世の感があります。

　日本語が均一化しすぎると，目新しい日本語を欲していく。若者言葉は，そうした風潮を見事に映し出しています。

（山口仲美『若者言葉に耳をすませば』講談社　を参考に作成）

1．標準語にない柔らかさや面白さを表現できるもの
2．田舎っぽさの象徴であり隠すべきもの
3．日本語から多様性を失わせるもの
4．複数の自分を表現し分けるために使うもの

Ⅱ 次のお知らせの内容と合っているものはどれですか。

青葉大学附属図書館　本の取り寄せについて

　青葉大学で所蔵していない資料を，他大学の図書館等から取り寄せることができます。資料のコピーの取り寄せ，または現物の借用が行えます。

●利用に関して
・申し込みの前に，取り寄せ希望の資料が青葉大学附属図書館で所蔵されていないことを必ず確認してください。
・図書館ホームページの申請フォーム，または附属図書館1階カウンターでお申し込みください。
・取り寄せにかかる費用は原則，申込者の負担となります。
・取り寄せ先の図書館への依頼が完了した後はキャンセルできません。
・コピー・図書が到着した際にはメールにて連絡を行います。

●コピーの取り寄せ
・料金：白黒1枚30〜60円，カラー1枚100〜200円の複写料金に，送料を加えたもの
・入手までの期間：2〜7日程度
・申し込み上限：1日10件まで

●現物の借用
・料金：約1200円〜（資料のサイズ・重量と郵送距離によって異なります）
・入手までの期間：2〜7日程度
・借用期間：1〜3週間程度（取り寄せ先からの指示によって異なります）
・申し込み上限：1人1冊まで
※雑誌や貴重資料等は借用できません。コピーの取り寄せをご利用ください。

1．資料のコピーが到着したら，電話またはメールで連絡がある。
2．雑誌や貴重資料のコピーを他大学から取り寄せることができる。
3．本の取り寄せを申し込む際は附属図書館に出向かなければならない。
4．資料の現物を借りる場合，1冊につき1200円の支払いを求められる。

III　下線部「寿司がもつ価値」が指すものとして，最も適当なものはどれですか。　　3

　　寿司の食べ放題に行った場面を考えてみよう。お腹が空いているときには寿司がもつ価値が楽しまれている。脂がのっているとか，歯ごたえがあるとか，米が口のなかで自然にほぐれるとか，それぞれの寿司がもつ味や香りが楽しまれるのだ。だが，お腹がいっぱいになってくると寿司がもつ価値は楽しめない。それ以上食べても苦しさの方が勝ってしまうからだ。このとき，これ以上は食べられないという自分の状態がもつネガティヴな価値によって，寿司がもつポジティヴな価値が楽しめなくなってしまう。経験のネガティヴさが対象のポジティヴさを阻害してしまうのだ。それでも食べ続けるとしたら，寿司が楽しめているからではなく，「食べ放題だからたくさん食べないと損だ」と考えているからだろう。

　　以上のように「対象の価値」と「経験の価値」は異なる楽しみ（あるいは苦しみ）を与えるものとして区別できる。

（源河亨『「美味しい」とは何か』中央公論新社）

１．寿司自体のおいしさ
２．食べ放題の楽しさ
３．寿司一皿の価格
４．寿司を食べたという経験

IV　*平成期以降の仕事に関する説明として，最も適当なものはどれですか。　　　<u>4</u>

　地域には本来，地域に固有の仕事があった。人々はそこでそうした仕事に就くことが求められ，親から，あるいは地域の人々から仕事を教わって，その地で食べていく手段を獲得していた。そのような地域と仕事の深い関係はしかし，一部をのぞいて，親，本人，子と三世代を経る中で，各地で急速に失われていったということである。それは特に昭和後期から平成期にかけて起きた，きわめて大きな変化だった。

　明治大正期はもちろん，昭和の前半までは，各地で展開されていた仕事は各地の特徴をふまえたものだった。その後，地域の仕事は変わっていくが，それでも昭和の末までは人々は何らかのかたちで親の仕事を引き継いでおり，それを新しいものに発展させることでやはりその地域の仕事をして暮らしてきたといえる。そしてこの時までは，こうした世代を超えた仕事の再生産が家の再生産につながり，地域の再生産にもつながっていた。

　ところが平成期に入る頃には，そうした地域の仕事に就き，結婚し，子育てを続ける環境が失われてしまう。仕事は地域の外に求めるしかない状況へと切り替わっていく。仕事の継承・改変がそれぞれの家族や地域の中でほぼ行えなくなっていったのであり，そのことによって家の継承が見送られ，地域のもつ固有の意味も次第に失われていった。

（山下祐介『地域学をはじめよう』岩波書店）

　＊平成：日本の時代区分。明治→大正→昭和→平成の順に移り変わった

１．親の仕事を継ぐのではなく，出身地で新しい仕事を始める人が増えた。
２．仕事よりも，結婚や子育てなど家庭内の活動が重視されるようになった。
３．地域での仕事の継承が難しくなり，地域の独自性が薄まっていった。
４．人々が親の仕事を継承し発展させることで，地域の活性化が進んだ。

Ⅴ　筆者は，展覧会開催時に*修復家に求められる資質としてどのようなことを挙げていますか。　　　　　　　　　　　　　　　　　　　　　　　　　　　　　　5

修復家という職業には，一人黙々と作業をすることを好む職人気質の方が向いているのではと思われがちですが，時には，まったく逆の資質も必要とされます。作品修復は本来，膨大な時間・手間のかかる仕事ですが，コレクションの作品修復と展覧会開催時の作品の点検や保全作業では，求められる資質が変わってくるからです。コレクションの作品修復……つまり，美術館収蔵の作品修復であれば，自分のアトリエに持ち帰り，時間的余裕をもってじっくりと作業に当たることができますが，展覧会時の作業は別です。非常に短期間の間に予期せぬトラブルに対処していかなければならない。さらには，初対面のスタッフと共同で効率よく作業を進める必要もあります。時間的に厳しい制約のある展覧会の現場は常に混沌としている。そういった場合，ただ高い技術を持っているだけでは現場を取りしきることは困難です。そこでは柔軟かつタフな対処能力・コミュニケーション能力，さまざまな想定外のトラブルに慌てることなく対処できる冷静沈着さが求められるのです。

（高橋明也『美術館の舞台裏』筑摩書房）

*修復家：壊れたり古くなったりした美術品を元の状態に戻す仕事をする人

１．長時間，一人で作品の修復に取り組み続けられること
２．人から受けた指示に従って正確に行動できること
３．他の人と協力しながら，状況に応じて物事を処理できること
４．作品の状態について，現場の人たちにわかりやすく伝えること

VI 次の文章で筆者が述べている文章の勉強法として，最も適当なものはどれですか。

6

　絵の勉強にとって模写が重要であるように，文章の勉強でも「名人の*筆跡をたどる」のはひじょうに有効な方法である。実験の上手なひとを見ているとためになるというのも同じである。

　実験でも，絵画や文章の制作でも，巧みかどうかは「こんなときはこうする」という対処法をどれだけたくさん知っているかということと密接な関係がある。経験がものをいうのはそのためだが，すべてを試行錯誤によって吸収しなければならないとしたら，科学も芸術もこんなに進歩することはなかっただろう。実際にはわれわれは学習によって多くのことを身につける。平たくいえば，ひとのやっていることを見て，まねるのである。文章の書き方も例外ではない。文章が上手になりたければ，よいお手本をまねるにかぎる。

　何がよいお手本かといわれると答えにくいが，たとえば自分が読んでよくわかったと思う**テキストには，そう思わせるだけの理由があるはずだから，少なくとも候補の１つにはなるだろう。表現が平易で論旨明快なものは一度読めばおおかたのことが理解できてしまうというものかもしれないが，そういうものほど，実は何度でも読み返す価値がある。そうして，どこにわかりやすさの秘密があるかをじっくり探るべきである。

(落合洋文『サイエンス・ライティング入門』ナカニシヤ出版)

　＊筆跡：ここでは，文章の書き方
　＊＊テキスト：書物の本文

1．科学実験のやりかたを学ぶ。
2．自分が書いた文章を他の人に読ませる。
3．わかりやすい文章の書き方をまねる。
4．難解な文章を繰り返し読む。

　日本企業の場合，部門長が採用の人事権を持っているケースは少なく，人事部門で採用された人材が各職場に配属されるケースが一般的です。そのため，人材育成の責任についても人事部門にあるかのように考えられてきたようですが，この変化の激しい時代にマーケットで勝ち残るためには，部門業績についての結果責任を持つ部門長が，採用から退職に至る人事権を全般的に持つべきだと思います。

　しかし，今までの経緯から，いきなりそこまでの権限移管が難しいとすると，まず*要員の育成責任から委譲するのが妥当でしょう。このことの必要性を折りに触れて部門長に**PRしながら，制度の中に盛り込んでいくことが大切だと思います。そもそも要員の育成については，日常的に各個人に接する時間の少ない人材開発担当者には，責任の持ちようがないことなのです。

（香本裕世『「会社を変える」人材開発』光文社新書）

　＊要員：ここでは，各部門に所属しているメンバー
　＊＊ＰＲ：ここでは，伝え知らせること

１．職場における人材育成の責任は各部門長が担うのがよい。
２．人材開発担当者は，要員の退職にのみ責任を持つのが望ましい。
３．部門長が採用業務を行っている会社は徐々に減っている。
４．人事部門が人材の採用から退職までを一貫して担当すべきだ。

VIII　次の文章で，筆者が最も言いたいことはどれですか。　　　　　　

　インフルエンザが治った子供が，「治癒証明」を求めて再び受診する，という不思議な現象が日本のあちこちで起きています。どうしてこんな変なことが起きるのかというと，学校がそれを要求するからです。

　インフルエンザが治ったことを「証明」することなんてできません。本人が主観的に元気になれば，それは治ったと解釈できます。ただ，それだけです。体の中にはまだインフルエンザ・ウイルスがいるかもしれませんが，それを「いない」と証明する方法はないですし，仮にあったとしても，現実性のない，意味がない方法です。

　ぼくがよく使う感染症のマニュアル，「CCDM」によると，インフルエンザ患者が他人にインフルエンザを感染させやすいのは，成人ですと発症3―5日がもっとも大きく，子供だと7―10日だそうです。ただし，個人差もありますし，感染可能な期間はもっと延びることもあります。

　ただ，あまり厳密に「絶対感染しない時期」なんてものを追求しすぎるといつまでたっても学校や会社に戻れず，それはそれで不便です。日本の学校保健安全法，いわゆる学校保健法では「発症してから5日，かつ解熱してから2日」は学校を休むよう求めています。まあ，それなりに妥当な数字ですから，これでよいと思います。

（岩田健太郎『インフルエンザ　なぜ毎年流行するのか』ベストセラーズ）

1．インフルエンザが治ったことの証明を要求することは無意味である。
2．学校保健安全法の規定は不十分であり，もっと厳格にする必要がある。
3．学校に復帰する時期を，患者である子供本人の感覚に任せるのはよくない。
4．子供は，病気を感染させる可能性が完全になくなってから登校すべきである。

IX　次の文章の内容と合っているものはどれですか。　　　　　　　　　9

　人間の外部に明確な基準（になるもの）があれば，身体能力を測ることができる。一定
の重さの物があれば，持ち上げる力を測ることができる。距離と時間という基準を使って，
走る能力を測定することができる。物を投げる力や跳ぶ力も測れる。一日である製品がど
れだけつくれるかで，製作する能力も測れる。しかし，身体能力そのものの総合的な力と
いうことになると，比べるべき明確な指標もないし，漠然としかわからない。もちろん，
家庭や学校で訓練される身体能力は，人間の身体能力一般ではない。近代社会における生
活や産業に役立つように構成されたものである。近代的な身体能力である。

（諏訪哲二『学力とは何か』洋泉社）

１．社会で役に立つ身体能力は，どの時代においても変わらない。
２．腕の力と脚の力の両方を測れば，その人の総合的な身体能力もわかる。
３．身体の能力は，ある明確な指標があって初めて測定することができる。
４．近代社会で役立つ身体能力をもっていれば，総合的な身体能力を持つと言える。

　つらい時や苦しい時にへこむのは，ごく自然なことです。

　…（略）…　そういう時は心が傷ついているので，まず休んで，自分に優しくして，傷を癒すことを一番に考えてください。

　そうしたおりに「誰だってつらいことや苦しいことはあるんだから，めそめそせず，顔を上げて，しっかりやれ」というようなことを言われたら，言い返すのも無駄なエネルギーを使うだけなので，聞き流しておけばいいです。

　捻挫している人に，誰だって捻挫くらいするから，我慢して走れ，って言います？

　人は，心の傷にとても無頓着です。根性でなんとかなると思っている人さえいる。また，自分が平気だと，相手も平気だと思ってしまう。

　そんなわけないです。傷の受け止め方は，人によってそれぞれ違います。

　早く立ち直れる人もいれば，繊細ゆえに，少し時間のかかる人もいる。時間がかかったから，弱いということではない。むろん根性も関係ない。

　体質だと言えば，認められるものが，心だと認められないのは不思議です。

（天童荒太『君たちが生き延びるために』筑摩書房）

１．精神的に苦しいときには，運動するのがよい。

２．一般的に，心の傷は体の傷よりも治るのが早い。

３．精神的に攻撃してくる相手にはしっかり反論すべきだ。

４．心の傷を治すのにかかる時間は人によって違う。

XI　次の文章を読んで後の問いに答えなさい。

　人類の永い歴史のなかで，食の獲得にかかわる生産労働は，その営みの大半を占めてきた。日々くり返し行われる労働運動の形態は，労働者の身体にも同じ痕跡を刻み込む。牧畜，農耕，稲作，狩猟・採集，漁撈など，それぞれの労働はまったく異なる運動形態をもっている。獲物を追い，あるいは牛や羊を放牧するための労働と，あるいは水田に稲を植え，作物を収穫する労働とでは，（　A　）が大きく異なる。そうした労働が日々くり返されながら数百年という蓄積になると，その社会の主食を支える労働の特徴が，その社会を生きる人々の身体にも広く映し出されるようになる。

　スポーツの例を用いて説明するならば，牧畜的身体というのは陸上の十種競技や短・中距離走の選手の身体に近い。手足が長く，四肢の骨格筋が発達し，高い土踏まずをもつ彼らの身体的特徴は，獲物や家畜を追いかける「俊敏性」と共通の運動形態から生じている。一方，足腰の勁い安定性を必要とする稲作的な身体というのは，相撲や柔道，日本の伝統的な武道に広く共通する特色で，こちらの方は，上半身と比べて腰回りが太く，脚は長くなく，土踏まずは扁平に近く，足の甲は横幅が大きく広がっている。こうした身体的な特徴は，専門種目の運動形態にしたがって，選手の身体に刻みつけられた競技生活の痕跡でもある。それはスポーツを専門とする大学生のレベルでも，体型を見ればどの種目が専門であるのかが，だいたいわかるくらい明白なものである。

（矢田部英正『たたずまいの美学』中央公論新社）

問1　（　A　）に入るものとして，最も適当なものはどれですか。　　　11

1．一日に費やす時間
2．必要とされる身体能力
3．労働に参加する人数
4．収穫できる食べ物の量

問2　筆者は，スポーツと身体の関係について，どのように述べていますか。　　12

1．牧畜や狩猟，農耕の際の動きをもとにしてスポーツは生まれた。
2．どのようなスポーツに向いているかは，生まれつきの身体的特徴で決まる。
3．あるスポーツにとってどのような身体的特徴が有利かは，一概には決められない。
4．専門とするスポーツが違う選手は，体型にも違いが見られる。

XII　次の文章は，東南アジアにおける生ゴムの取引について述べたものです。これを読んで後の問いに答えなさい。

　生ゴムの取引は，親子あるいはおじいさんの代まで何代にもわたって，同じ家族，同じ農園主と同じ*仲買人（なかがいにん）の間で行われます。つまり，固定的な関係を作って，その中で行うんです。

　…（略）…

　ピーターという研究者が言うには，ゴムはどうやら製品化されてはじめて品質がわかるというんですね。だから，変な品物をつかまされてしまうと，すごく大損してしまうそうです。…（略）…

　つまり，ゴムの取引には社会的な不確実性がすごく大きいんです。そうすると，だまされる可能性がある……だからこそ，だまされる可能性があるような取引に関しては，<u>ほんとうに安心して取引のできる相手</u>としか取引しないということが起こります。

　これがいわゆる**コミットメント関係の形成です。

　そうすると，その取引の中で，親子何代にもわたる関係の中では安心して取引することができます。

　これはどうして安心していられるかというと，もちろん長く続いていて気心がわかっているということもありますし，そういった取引の中で自分をだますようなことをしたら取引が打ち切られるという仕組みがあるからです。

　打ち切られた相手は，長い固定的な関係の中で取引していますから，現在の相手との取引を打ち切られると，もう行き場がないんですよね。

　行き場がないから，現在の相手から取引を打ち切られるようなことはしないという理由で，そういった固定的な関係の中ではだましあうというようなことは起こらないと。だから，そういった関係の中では安心していられるというわけです。

（山岸俊男「社会の行方」糸井重里『学問は驚きだ。』ぴあ）

＊仲買人：売り手と買い手の間で売買の仲介をする人

＊＊コミットメント関係：他に条件のよい相手がいても，これまでの相手との関係を続けること

問1　下線部「ほんとうに安心して取引のできる相手」とはどのような相手ですか。13

1．大量のゴムを必ず自分に売ってくれる相手
2．ゴムを相場より安く売ってくれる相手
3．質の悪いゴムを売りつけてこない相手
4．扱っているゴムの種類が豊富な相手

問2　この文章の内容と合っているものはどれですか。14

1．固定的な関係は，自分の子ではなく友人に引き継ぐことが多い。
2．固定的な関係から排除されると，他の取引先を探すことは難しい。
3．仲買人はゴムを購入する前に，ゴムの品質を確認しておくべきだ。
4．仲買人は，複数の農園主の中から信頼できる相手を選んで取引する。

XIII　次の文章を読んで後の問いに答えなさい。

　十代の読書の要諦は＊暗誦<ruby>暗誦<rt>あんしょう</rt></ruby>にあり，それに値する書物を見いだすことにある。むろん，子供に判断できるわけがない。大人にだって怪しいものだ。幸い古典というものがある。思い出して役立つ確率がもっとも高いものが古典である。これは自国語にしても外国語にしても同じことだ。暗誦して役立つ詩や文章は外国語にだってたくさんある。

　十代の読書の基本が暗誦にあるとすれば，二十代の読書の基本は競争にある。

　十代も後半になると読書の方法が変わってくる。多読，乱読である。そして，多読を支えるための速読。これを競争の読書というのは，より多くの本を読んで，友人知人と競いあうからである。文庫でも全集でもいい。解説目録や全巻一覧を広げて読み終えた本に印をつけ，何ごとか達成した気分になるのがこの頃だ。できるだけ多くの本をできるだけ速く読むこと。ざっと目を通して大意をつかむだけでも読まないよりはましだ。そういう読み方である。

　二十代も後半になると，しかしまた違ってくる。同じ競争でも，読み方を競うことになる。味読，熟読といってもいい。三十代の読書の基本がこれだ。むろん，人によっては十代，二十代の頃から味読熟読をもっぱらにするものもいるだろう。だが，多読乱読を経過しない味読熟読は意味がない。領域を限ることは解釈の方法を限ることなのだ。たとえば一冊の小説は，歴史学の対象にも，心理学の対象にも，社会学の対象にも，経済学の対象にもなる。対象になることによってさらに豊かになるのである。

（三浦雅士「読書と年齢」岩波文庫編集部編『読書のたのしみ』岩波書店）

　＊暗誦：文章を記憶し声に出して唱えること

問1　筆者は，どのようなものの例として古典を挙げていますか。　　15

1．自分の国よりも外国に多く存在するもの
2．音読しやすい言葉を用いて書かれたもの
3．子供より大人のほうが好んで読むもの
4．文章を記憶しておくと有益かもしれないもの

問2　筆者は，味読熟読の前に多読乱読を経験するとどうなると言っていますか。　　16

1．一冊の本をいろいろな視点で解釈できるようになる。
2．様々な分野の書物に関心を持てるようになる。
3．どんな本を暗誦^{あんしょう}すればよいかわかるようになる。
4．小説を娯楽ではなく学問として読めるようになる。

XIV　次の文章を読んで後の問いに答えなさい。

　＊ソーシャルワーカーのマイケル・ホワイトと家族療法士のデイヴィッド・エプストンによって開発された物語療法は，物語の力を利用し，患者が治療者との対話によって自分の物語を書き直す。問題を解決するのではなく，会話を通じて新しい物語＝意味を発生させることが目標である。

　私たちは人生における様々な経験に意味を与える。経験自体だけではなく，その経験に私たちが与えた解釈，意味こそ私たちのイメージを形作っている。私たちは人生で一つだけではなく複数の物語に出くわすが，それでも大元となるメインストーリーが存在し，私たちを支配する。人生の物語が形成するイメージは，私たちの能力や自尊心，対人関係を左右する。

　例えば，自分のせいではなく環境が原因で生じた不幸な出来事があったとしよう。その時，私たちは自分に問題があって不幸が生じたと解釈する，つまりは物語をつくり己を責めてしまうことがある。こうした思い込みは，私たちを支配する「歪んだ」物語である。

　物語療法において，＊＊セラピストはまず，患者を支配する歪んだ物語を特定するために話し合う。なぜならほとんどの場合，私たち自身はそうした物語を自覚していないからだ。このため，患者の人生経験とそこにひもづいている意味を一つずつほぐし，分析するのだ。そしてセラピストと一緒に歪みを特定できた時，私たちはその物語を客観的に把握した観測者となれる。

　次のステップは，その物語における問題や悩みと距離をおく「外在化」への戦いだ。外在化を簡単に言えば，私たちが歪んだ物語へ抱く同一性を引き剥がす作業である。望まない体験をした時に自分の物語へと「内在化」してしまった悩みを，もう一度自分の外に移すわけだ。

（パントー・フランチェスコ『アニメ療法』光文社）

　＊ソーシャルワーカー：生活が困難な人を支援する職業の人
　＊＊セラピスト：病気や障害の治療にあたる人

問1　この文章によれば，物語療法の目的は何ですか。　　　　　[17]

1．患者に自分の経験について語ってもらうこと
2．患者のそれまでの人生を一冊の本にすること
3．患者が自分の人生に新しい意味を与えること
4．物語を通して患者と信頼関係を築くこと

問2　この文章の内容と合っているものはどれですか。　　　　　[18]

1．悩みの外在化は環境への責任転嫁であり，問題の解決にはならない。
2．自分の人生をどう解釈しようと，自分の能力が変化することはない。
3．いいものであれ悪いものであれ，物語は人生に必須である。
4．物語療法では，自分の不正確な思い込みを自覚し，客観視する。

XV　次の文章を読んで後の問いに答えなさい。

　感情が生じるときの心の動きをじっくり観察してみよう。

　過去にあった悲しい出来事を思い出してみる。なんだか目の奥がうずうずしたり，胸が
もやもやしたり……。

　次に，怒りを感じる場面を思い浮かべてみる。わずかに目の周りに力が入ったり，胸の
奥に熱いものが流れる感じがしたり……。

　やってみるとよくわかるけど，ぼくらはこうした感情を「悲しみ」や「怒り」という言
葉以上にうまく表現する語彙をもたない。あるいは，「悲しみ」や「怒り」といった言葉
を手がかりにして，はじめて胸の奥にわきあがる「なにか」に意味を与えることができて
いる。

　だから，ぼくらは知らない言葉の感情を感じることができない。

　古典の教科書に出てくるような「もののあわれ」という言葉の意味を知らなければ，「い
やぁ，もののあわれを感じるなぁ」とは言えない。でも言葉を知り，その「感じ」がぼん
やりとでもわかると，（　A　）。そして，そのとたん，そこで感じた「なにか」は「もの
のあわれ」としか表現しようがなくなる。

　あるいは，「今日は，ハッピーだ！」というときの気分と，「私は幸せ者です」というと
きの気分は，ちょっと違う。どこがどう違うのか，きちんと説明できなくてもよい。「な
んとなく違う」というだけで，ぼくらはふたつの感情を感じ分けることができる。

　これは，感情が身体的な生理現象だけではないことの証拠でもある。もちろん，心のな
かの「なにか」は脳内の反応とつながっているのだろうけど，「言葉」は，それに「かたち」
を与え，分類や区別を可能にし，経験のリアリティを支える。

（松村圭一郎『うしろめたさの人類学』ミシマ社）

問1　（　A　）に入るものとして，最も適当なものはどれですか。　19

1．そうした感情を覚えることができる

2．その場面を思い出すことができる

3．出来事の意味を考えることができる

4．過去の感情を思い出すことができる

問2　下線部「なにか」が指す内容として，最も適当なものはどれですか。　20

1．感じ分けられる複数の感情

2．言葉によって言い表されていない段階の感情

3．そのときの自分の気持ちを言い表す言葉

4．古典には出てくるが現在は使われていない言葉

XVI　次の文章を読んで後の問いに答えなさい。

　ハリケーンや台風は厄介だが，海面水温を下げる<u>ありがたい一面</u>も持つ。強風が海水を
かき回して，海面下の冷たい水をひっぱり上げるからだ。＊今年台風10号が「＊＊伊勢湾台
風並みの強さで九州に接近する」と騒がれつつも，予想より弱まった理由の一つは，幸い
にも数日前に同じ海域を通った9号が海面水温を下げたことにある。ところが今後同じよ
うな事態になっても，水温が下がりにくくなるかもしれない，そんな研究がこのほど発表
された。
　中国科学院と米国の共同研究によると，いま海中では「成層化」が進行しているという。
いったい「成層化」とは何だろうか。たとえていうなら放置したサラダドレッシングのよ
うに，軽い液体が上層に，重い液体が下層に留まる状態である。もっとも，海も上層には
温かくて塩分濃度が低い相対的に軽い水が浮かび，反対に下層には冷たくて塩分濃度が高
い重い水が沈んでいる。しかし温暖化の影響で，海面水温が上昇したり，氷床の融解で
塩分濃度が変化したおかげで，以前よりも表層の水が軽くなり，層がくっきり分かれてい
るのだという。結果，海水が上下にかき混ぜられにくくなり，ハリケーンが来ても海面水
温が下がりづらくなるばかりか，嵐の強大化に一役買ってしまうおそれも秘めている。似
たように琵琶湖でも成層化は起きていて，冬場の気温上昇により湖面の水が沈みこまず，
循環しないがために深層で酸素不足を起こしているという。

（森さやか『いま，この惑星で起きていること』岩波書店）

＊今年：2021年
＊＊伊勢湾台風：過去，日本に大きな被害をもたらした台風

問1　下線部「ありがたい一面」とありますが，筆者がありがたいと言っているのはなぜ
　　　ですか。 21

1．ハリケーンや台風によって，海中の生き物が海面近くに集まるから
2．ハリケーンや台風によって，海面の水温が下がりにくくなるから
3．ハリケーンや台風によって，後から来る台風の勢いが弱まるから
4．ハリケーンや台風によって，海水の成層化が進行するから

問2　この文章の内容と合っているものはどれですか。 22

1．成層化が進むと海水の循環が激しくなり，海面の温度が下がりやすくなる。
2．ハリケーンや台風は，氷床を溶かすことで海水上層の塩分濃度を下げる。
3．湖の成層化は，上層と下層の水温差が小さくなることによって起こる。
4．温暖化によって表層の水がより軽くなった影響で，海の成層化が進行している。

XVII　次の文章を読んで後の問いに答えなさい。

　1970年代あたりから，先進資本主義国において，産業資本主義から，ポスト産業資本主義に，資本主義のかたちが移りかわりつつあります。高度情報化社会とか知識社会とか，言われてもいます。その実際が，どういうことかを，これから言いましょう。

　もともと，(1)利潤は，差異からしか生み出されません。産業資本主義というのは，「多数の労働者を使って大量生産をおこなう機械制工場システムにもとづく資本主義」のことです。

　もちろん，単に工場があっても，それだけでは，利潤は生まれません。あたりまえですが，費用が収入より低くないといけないわけですが，それは結局，労働者の賃金がその生産性よりうんと低ければいいわけです。

　この「労働生産性と実質賃金率の差異」こそが，産業資本主義の利潤のもとだったんです。そして，そのような「差異性」を保証したのが，農村における過剰な人口であったのです。

　つまり，安い賃金でも働きたい労働者が，農村から都市にどんどん流れこむかぎり，産業資本主義は，成り立っていた。これは発展途上国では，現に存在している資本主義です。

　（　A　），先進資本主義国の中では，産業資本主義の拡大がいつしか，過剰人口の産業予備軍を使いきってしまった。その結果，「実質賃金率」があがりはじめて，「労働生産性」との差がなくなっていきました。

　労賃が安かった時代では，機械さえ持っていれば，ほかの企業と同じことをやっていても，必然的に，利益を生み出すことができたんですけど。

　だが，もはやそういう産業資本主義の仕組みを使えない……。差異性を意識的に作り出さなくちゃ利益が生み出せなくなってしまった時代になったのです。

　それが，ポスト産業資本主義です。

　差異性を生み出すということは，情報を提供したり，広告をやったりとかいう，いろんなかたちでほかの企業とは「違ったこと」をやることで，それによって利益を生み出す。

　でも，違いは，じきにほかの企業にまねされてしまいますね。だから，常に違っているためには，新しい技術や新しい製品を作ったり，新しい市場を開拓したり，新しい経営方法を発明したり，そういう新しいものが，必要になるんです。

　それが，われわれの生きているポスト産業資本主義社会の特徴です。われわれが日々，何かに追いたてられるように(2)忙しくなっているというのは，そういうことです。

　　　　　　　　　　（岩井克人「会社の行方」糸井重里『学問は驚きだ。』ぴあ　を参考に作成）

問1　下線部(1)「利潤は，差異からしか生み出されません」とありますが，どのような
　　　ときに利潤が生まれるのですか。　　　　　　　　　　　　　　　　　　23

1．労働者の賃金より生産性のほうが高いとき
2．農村の賃金より都市の賃金のほうが低いとき
3．農村の人口より都市の人口のほうが多いとき
4．労働者の数より機械の数のほうが少ないとき

問2　（　A　）に入るものとして，最も適当なものはどれですか。　　　24

1．したがって
2．たとえば
3．このように
4．しかし

問3　下線部(2)「忙しくなっている」理由として，最も適当なものはどれですか。　25

1．産業構造の急激な変化に絶えずついていく必要があるから
2．都市で労働に従事する人の数がどんどん減り続けているから
3．絶えずほかの企業との違いを生み出していく必要があるから
4．新しいものを創造し続けなければ労働生産性が低下するから

模擬試験

第3回

記述問題は，二つのテーマのうち，<u>どちらか一つ</u>を選んで，記述の解答用紙に書いてください。

　　解答用紙の<u>テーマの番号</u>を○で囲んでください。

　　文章は横書きで書いてください。

　　読解問題は，問題冊子に書かれていることを読んで答えてください。

　　選択肢１，２，３，４の中から答えを一つだけ選び，読解の解答欄にマークしてください。

記述問題

　以下の二つのテーマのうち，どちらか一つを選んで400〜500字程度で書いてください（句読点を含む）。

1.

　人が住む建物には，一戸建ての家と，マンションなどの集合住宅があります。

　一戸建ての家と，集合住宅には，それぞれどのようなよい点があるか説明しなさい。そして，住む建物の選び方について，あなたの考えを述べなさい。

2.

　物事を決める際には，少数の人で決める場合と，多くの人で話し合って決める場合があります。

　少数の人で決める場合と，多くの人で決める場合には，それぞれどのようなよい点があるか説明しなさい。そして，物事の決め方について，あなたの考えを述べなさい。

読解問題

I 次の文章によると，筆者は「不登校」という言葉をどのようなものだと考えていますか。

| 1 |

　世の中の言葉を見直すと，「不登校」もおかしな言葉です。この言葉ができた前提には，「登校するのが当たり前」という価値観があります。それなのに登校しないということで「不登校」と名付けられたのでしょう。「不」という字にはネガティブなイメージがあり，「不登校」もネガティブなイメージになってしまいます。「本当は登校しなくてはいけないのに私は登校していないから，ダメな子なのかな」などと認識して，自分はダメな人間だと思い込んでしまう子どもも多いのではないでしょうか。

　私が名前を変えるなら，「自分で人生を見つけようとしている子」という意味で「自己選択児」などとしたいと思います。教育にはいろいろな形態があり，学校で授業を受ける子どももいる，家庭で学習している子どももいる，面白い塾で勉強している子どももいるというように理解が広がり，いつか，そのような場がたくさんできたなら，「不登校」という言葉はいらなくなるでしょう。

(汐見稔幸『教えから学びへ』河出書房新社)

1．学校に行っていない子どもに，自分を責めさせてしまうもの
2．学校以外にも多様な学ぶ場所が存在することを見えにくくするもの
3．子どもの自己否定を助長し，ますます不登校の子どもを増やしてしまうもの
4．学校で学ぶことについて，子どもに否定的なイメージを与えるもの

II 次のお知らせの内容と合っているものはどれですか。

学籍について

　学籍とは，本学の学生である資格のことです。学籍は，入学と同時に発生し，卒業・退学あるいは除籍の日まで継続します。

１．修業年限と在学年限

　修業年限とは，本学の教育課程を修了するために必要な期間をいいます。
　在学年限とは，本学の学籍を持って修学できる最長の期間をいいます。
　本学の修業年限は４年間，在学年限は８年間です。

２．休学

　休学とは，病気その他やむを得ない理由により，長期（１か月以上）にわたって学業から離れることをいいます。休学中も学籍は継続します。

　◆休学の期間

　・休学の期間は１学期間（半年間）を単位とし，連続して４学期間（２年間）を超えることはできません。
　・通算して４年間を限度とします。
　・休学の開始時期は原則として学期初めまたは学年初めですが，やむを得ない場合は，学期途中からの休学も可能です。休学の終期は学期末または学年末とします。
　・休学期間は，在学年限には算入されません。

３．復学

　復学とは，休学期間の満了によって再び就学することをいいます。

４．退学

　退学とは，卒業前に大学をやめることをいい，学長の許可または命令が必要となります。
　退学には，願い出による退学と，懲戒処分による退学があります。

　◆退学の時期

　・退学の時期は，退学の願い出が承認された会議日あるいは学期末となります。
　・退学しようとする学期までの学費が納入されている必要があります。

１．休学期間が１年間の場合，在学年限は７年間となる。

２．願い出による退学の場合，退学の時期は学期末に限られる。

３．病気が理由であれば５年以上の休学も可能である。

４．学期の途中で復学することはできない。

　あらゆる発想の背後には，何らかのヒントとなる記憶が潜んでいる。記憶素材の意外な結びつきが新たな創造につながることもある。素材がなければ創造もない。発想の手がかりは，記憶の中に眠っている。記憶は発想の宝庫なのである。

　＊うつの人は問題解決能力が低いといわれる。その理由は，記憶の抑圧にある。うつの人は，落ち込んだ気分で過去を振り返るから，否定的な記憶ばかりが引き出されてくる。そうすると，ますます気分が落ち込む。そこで，自己防衛機能が働き，過去の記憶へのアクセスが悪くなる。つまり，記憶が悪くなる。うつが治ると記憶が良くなるというのも，そうした防衛が解除されるからだ。

　問題解決能力は，過去のエピソードをどれだけ活用できるかにかかっている。過去の記憶が利用しやすいように整理されていれば，現状をスムーズかつ適切に分析でき，最善の対処法を打ち出すことができる。あらゆる判断の背後には記憶が存在する。直感力とは，目の前の状況に応用可能な記憶をとっさに引き出す能力であるといえる。

（榎本博明『記憶の整理術』PHP研究所）

　＊うつ：気分が落ち込んでいる状態

1．過去の経験をうまく思い出せないと，問題を処理する能力が低くなる。
2．うつの人は，楽しい記憶もつらい記憶も同じくらい頻繁に思い出す。
3．問題を解決するのが得意な人ほど，気分が落ち込みやすい。
4．現在の問題を扱うときは，過去の事例を思い出さないほうがいい。

IV　筆者の考えと合っているものはどれですか。　　　　　　　　　　| 4 |

　ある人と意見の違いがあることと，その人を好きか嫌いかということとは別の話です。人と人，集団と集団との間で生じるもめごとやいざこざは，「葛藤（かっとう）」という少し難しい言葉で言い換えることができます。意見の相違は課題葛藤，好き嫌いなどの仲違（たが）いは関係葛藤と呼ばれています。課題葛藤は，より良いアイデアを生み出すきっかけになったり，合意に向けた話し合いの満足度を高めたりします。一方で関係葛藤は，ストレスや緊張感を高めます。私たちは「意見が合わないからあの人のことは嫌い」，「あの人のことは嫌いだからどんなアイデアを発信しようが反対」，というふうに，どちらかの葛藤が高くなるともう一方も高くなると認識しがちです。

　ひとたび関係葛藤を認識してしまうと，話し合いに消極的になり，解決に向けた行動がとられにくくなってしまいます。そのため，2種類の葛藤は別のものなのだということを理解する必要があります。

　　　　　　　　　　　　　　　　　　　　（村山綾『「心のクセ」に気づくには』筑摩書房）

１．課題葛藤も関係葛藤も，人の生産性や意欲を向上させる。

２．相手との関係性と，相手の意見そのものは分けて考えるのがよい。

３．課題葛藤を認識することは，関係葛藤の解消をもたらす。

４．関係性が悪い相手と話し合っても，よい意見は生み出されない。

V　次の文章の内容と合っているものはどれですか。　

　製薬企業は，医薬品を開発し医療の現場に医薬品を提供しています。さらに，医薬品が正しく安全に使用されるように，医師や薬剤師などに医薬品に関わる情報を提供しています。また，現場からの医薬品の有効性や，安全性に関わる情報を解析し，よりよい医薬品にするための情報を医療の現場に提供していくことも製薬企業の大切な使命です。

　製薬企業が優れたクスリを提供しても，期待した効果が十分に現れなかったり，思いも寄らない副作用が起こることがあります。そのため，新しいクスリが世に出るまでには，有効性と安全性の確認のために研究が行われます。

　クスリが市販された後は，開発時の臨床研究の過程で行われる症例に比べるとはるかに多くの患者に使用されることになるので，クスリの作用の個人差，薬物代謝，クスリの組み合わせなど開発中には認められなかった問題や副作用が見つかることがあります。このとき製薬会社の担当者は医療現場からクスリの情報を収集し，的確に対処し，医療現場に再び知らせます。このような現場と企業の努力が，クスリの有効性や安全性を高めていくことになり，また，医薬品の改良，新しい価値の発見や新たなクスリの開発につながります。

（二井將光編著『薬学教室へようこそ』講談社）

1．クスリの市販後より市販前のほうが，より多くの患者にクスリが使用される。
2．クスリを患者に使用した際に起こった問題は，医療現場で対処される。
3．医療現場と製薬企業が情報を共有することで，クスリは改善されていく。
4．製薬企業は，企業内で得られた情報を医療現場からの情報よりも重視する。

Ⅵ　筆者は，共同配送が導入された目的はどのようなことだと言っていますか。　　6

　標準的なコンビニは，100m²の売り場に約3,000品目（アイテムともいいます）の商品が並んでいます。狭い店舗に多くの商品を並べるためには，売り場面積を広くとる必要があり，倉庫（バックヤード）スペースはほとんど確保できません。このため，店内での商品の品切れを起こさないよう，小ロット（少量）で何度も運ぶ多頻度小口配送を行っています。

　3,000品目を揃えようとすると，約70から80社の取引先が必要です。多頻度小口配送のため，すべての取引先が毎日商品を運んでくるとどうなるでしょうか。1日に70〜80台のトラックが来ることになり，コンビニの店員は約30分おきにその対応に追われることになります。そこで考え出されたのが，共同配送です。複数の取引先の商品を共同配送センターで受け取り，1台のトラックにまとめて積載し，各店舗を順番にルート配送する方法です。これにより，あるコンビニチェーンは店舗へのトラックを8台（10分の1）にまで減らすことに成功しています。

（田中康仁『物流のしくみ』同文舘出版　を参考に作成）

1．陳列する品目を減らすため
2．取引先を厳選するため
3．売り場の面積を広げるため
4．配送を効率化するため

VII 下線部「新たなる食物資源の開発」の具体的な内容として，最も適当なものはどれですか。　　　　　　　　　　　　　　　　　　　　　　　　　　　　 7

　クルミなどの硬い実は，頑丈なカラスの嘴(くちばし)をもってしても容易に割れるものではない。人の場合はトンカチや石で叩き割って中身を取り出すことができる。つまり道具を利用している。しかし，鳥の前肢は翼であり，人の手のように自由に道具を操ることはできない。ところが，カラスの場合は，クルミをくわえて空中に舞い上がり，コンクリートや線路などに落として割る行動が見られる。

　一見容易に見えるこの行動も，よく考えてみるとそう簡単なものではない。第一に，初めてクルミのような硬い物体に出会った時，中に食べられるものが入っているのかどうかをどのようにして判断するのか，という問題がある。クルミが食べ物であることを知りえたのは，人が割って食べているのを盗み見したか，仲間のカラスの行動を真似たものであろう。ともあれ何でも見てやろう，真似してもやってみよう，といった旺盛(おうせい)な好奇心に溢(あふ)れ，新たなる食物資源の開発に時間と労力を惜しまない，いわば積極的に先行投資をしている結果といえるのではあるまいか。

（唐沢孝一『カラスはどれほど賢いか』中央公論新社）

1．他のカラスが持っている食べ物を奪うこと
2．クルミ以外の食べ物を手に入れようとすること
3．道具の使い方を人から学ぼうとすること
4．クルミが食べ物かどうかを知ろうとすること

VIII　筆者の考えと合っているものはどれですか。

　大学入試の小論文などを見ていてよくあるのが，自分の経験を根拠にした主張です。たしかに経験というものは事実ですから，「事実」をもとにした判断となっている点で，一定の意義があると言えるでしょう。抽象的に議論すると説得力に欠けることがあるのですが，実際の経験から検討し直してみるという書き方をすることで傍証（ぼうしょう）のように議論が補強できることがあります。

　ただし，経験はよくも悪くも経験です。自分なりの経験であるという点で，確かな一つの事実ではあるのですが，意見としての一般化を考える場合，たった一つの経験でしかないという限界はあるのです。自分の経験を利用する場合，その限界を意識しておくといいでしょう。例えば，量的な議論に結びつけてそのような経験をしている人は他にも多いとか，そのような経験が存在すること自体に重要な意味がある，といった論理など，ひと工夫するといいでしょう。

（森山卓郎『日本語の〈書き〉方』岩波書店）

１．自分の経験と事実は別物だと考えなければならない。
２．小論文を書く際は，必ず自分の経験を盛り込むべきだ。
３．自分の経験より他人の経験を紹介したほうが説得力が増す。
４．自分の経験は一般化された根拠にはできない。

　インターネットやＳＮＳの発達で，若者の既存メディア離れが語られています。情報源をインターネットに頼ると，インターネット上のデータによってユーザーの趣味嗜好を予測し，個々人が自分のニーズに合った情報だけを入手するフィルターバブル現象により，自分と異なる考え方にふれる機会が大幅に減り，自分の考えが知らぬ間に極端化するリスクが増します。これにより，社会の分断化が加速するおそれがあります … （略）… 。また，世論調査で，政治にかかわるさまざまな問題に「わからない」と答える割合が若者層により多く見られる傾向があるのは，政治ニュースが若者層のインターネットの画面上で得る情報から排除されていることにも要因があると考えられます。テレビや新聞などの既存のメディアは，個人をターゲットにするものではないため，そこでは偶然に自分とは異なる考え方に出会うことがあります。逆説的なようですが，既存メディアによる情報の提供は，一層，重い職責と使命を負っているように思います。

（糠塚康江『議会制民主主義の活かし方』岩波書店）

１．既存メディアよりもインターネットのほうが政治に関する情報を得やすい。

２．既存メディアも個人をターゲットにして情報提供をしていくべきだ。

３．既存メディアだけに触れていると，思想が偏っていくおそれがある。

４．既存メディアに触れない若者は，政治に関する情報を得る機会が少ない。

X　下線部「持続可能な都市圏」を形成するために，交通システムが果たすべき役割は，どのようなことですか。　　　　　　　　　　　　　　　　　　　　　　　　10

　我々の行動は，常にさまざまな要因によって制約されている。これらの制約要因を大きく二つに分けるとすれば，一つは個々人が持っている能力，もう一つは社会の枠組みとなる。前者には身体の機能や経済力，そして気力などの精神機能がある。社会的な枠組みには，教育，医療，交通等がある。新型コロナウイルス蔓延（まんえん）対策としての外出制限も，社会的枠組みに該当する。言うまでもなく制約要因が少なければ少ないほど，我々は思うがままに生きることができる。交通システムの整備・運営にあたっては，個々人の自由な生き方を支援する，あるいは，一人ひとりの生活の質の向上に資する，という発想が必要になる。それによって，社会環境の発展的維持に対する交通面からの貢献が可能となり，持続可能な都市圏形成への道が開けてくる。

（辻本勝久『SDGs時代の地方都市圏の交通まちづくり』学芸出版社）

1．人々の自由な活動を実現すること
2．地方の都市化を促進すること
3．都市に住む人を増やすこと
4．行き過ぎた自由を制限すること

XI　次の文章を読んで後の問いに答えなさい。

　精神分析学者のウィニコットは，大勢の乳幼児を観察する過程で，生後６ヵ月から１年の子どもが，特定のタオル，毛布やぬいぐるみなど柔らかくふわふわした対象に執着するという現象を発見した。

　そしてウィニコットは，このぬいぐるみや毛布などは，自分と母親だけの閉じた関係，内的な世界から，第三者がいる外的世界へ出て行く途中の中間領域に存在する特殊なものなのだ，と考えるようになり，それに「移行対象」という名前をつけた。…（略）…

　この幼児期の移行対象はそれじたい病的なものではなく，自分や母親以外の対象物へと関心が向かう自立心が芽生えてくる時期に現れるもので，外の世界に出て行く子どもを勇気づけ，慰めるものだと考えられる。子どもが，友だちや親以外のおとながたくさんいる外の世界でも過ごせるようになれば，この移行対象は役目を終えることが多い。

　たとえば，子どもが，ボロボロになっても絶対に手放さなかったぬいぐるみを突然，家に置いてひとりで遊びに出かける日がくることがあるが，これなどもその子がもう移行対象を必要としなくなったからと考えられる。

　しかし，いったん移行対象や，それがいた内的世界と外的世界との橋わたし役をしていた中間領域が必要なくなったからといっても，人はその後も折にふれて，それがあったことを思い出したり，ときにはもっと積極的にその存在を必要としたりすることがある。とくに，心が弱ったときや入学や就職で環境が変わったときなどには，“子どもがえり”をしてこの中間領域に退行する場合も少なくない。

（香山リカ『スピリチュアルにハマる人，ハマらない人』幻冬舎）

問1　子どもが移行対象を必要としなくなるのはどういうときですか。　　　11

1．自分で立って歩けるようになったとき
2．外の世界に出て行き始めたとき
3．母親との一体感を感じているとき
4．外的世界で過ごせるようになったとき

問2　この文章の内容と合っているものはどれですか。　　　12

1．人は，移行対象をいったん手放した後でもまた必要とすることがある。
2．子どもは，あるタイミングで移行対象を物から人間に変える。
3．知り合いの人間と自分しか存在しない空間を中間領域と呼ぶ。
4．人は大人になると硬い手触りのものを好むようになる。

XII　次の文章を読んで後の問いに答えなさい。

　アーサー・C・クラークの第３法則というのがあります。「高度に発展した科学技術は，魔法と区別がつかない」というものです。…（略）…

　*ニセ科学は科学の名を借りた魔法です。しかし今，科学者や科学ライターに対して「科学ってこんなにすごいんですよ」「こんなに不思議ですよ」という話を伝えることが要求される場面がとても増えています。科学者はいま，科学をわかりやすく伝えなさいという圧力にさらされている。数式は使わずに，難しいことも言わずに，わかりやすい絵をつけて，できればコンピュータグラフィックス，できればムービーでと，もうとんでもない圧力の下にある。もちろん，それでもがんばるべきなのでしょう。

　ただそのときに，これまで科学をわかりやすく伝えたことのない科学者がうろたえてしまって，「こんな不思議なことが起きるんです」とか言ってしまいかねません。興味を惹くことだけに気をとられて，途中の理屈，筋道をおろそかにしてしまうわけです。しかし，それは科学を魔法のように伝えているだけです。それをやっている限り，科学とニセ科学の違いは決して伝わらず，かえってニセ科学を科学に見せることに加担してしまうのではないでしょうか。実行するのは大変ですが，それでも科学には筋道があり理屈があり整合性があるのだということを伝える努力を続けるしかないのだと思います。

　　　　　　　（菊池誠「科学と科学ではないもの」

　　　　　　菊池誠他 飯田泰之＋SYNODOS編『もうダマされないための「科学」講義』光文社）

　＊ニセ科学：科学的に見えるが，実際は科学的ではないもの

問1　下線部「魔法」は，この文章ではどのような意味で使われていますか。 13

1．かつては不可能だったことを実現させるもの
2．科学者によって新たに仕組みを解明されたもの
3．コンピュータを使わないと再現できないもの
4．結果に至るまでの過程を論理立てて説明できないもの

問2　筆者は，科学者のあり方についてどのように言っていますか。 14

1．科学者は科学の面白さを一般の人々にも広く伝えていくべきだ。
2．科学者は科学が論理性を伴うものであると発信し続けるべきだ。
3．科学者はわかりやすく説明することを求められても断るべきだ。
4．科学者はニセ科学が実際は科学であることを証明すべきだ。

XIII　次の文章を読んで後の問いに答えなさい。

　集団ではなく個人が尊重されるが，つながりがなく孤立しやすい大都市圏。地域の結束はあるが，個人ではなく集団の論理が優先されがちな地方。その「どちらか」ではなく，その「どちらも」うまい具合に利用し，デメリットをうまく消しあえるようなコミュニティがあればいい。（　Ａ　）が大事にされ，しかしそれでいて孤立はせず，個人同士がゆるやかにつながるようなコミュニティだ。

　ぼくは，そういうコミュニティなら地方に続々と生まれていると感じている。鍵は，地方への*Ｕ・Ｉターン者だ。彼らの最大の利点は，地元に接点がありながら，都市部での生活経験があり，個としてもバランスが取れる点だ。特に，地方でなにかしらの事業やプロジェクトを行っている人たちは，これまでの世代が求めてきた経済的・金銭的成果ではなく，自分らしい生き方，自分らしくいられる居場所，あるいはその居場所を自分でつくるために地方を目指してきたという人が少なくない。まず「個」をしっかりと確立したうえで地方にやってきて，コミュニティをつくっているわけだ。

　地方都市の取り組みに目を凝らすと，Ｕ・Ｉターンしてきた若い世代が，田舎のまちにスタイリッシュなカフェスペースを開いたり，よそ者たちが集まれるイベントを企画したりするということがあちこちで起きている。そこには，地元の人も，よそから移住してきた人も集まる。地元にも外にも片足ずつ足を突っ込んでいる彼らだからこそ，地元の慣習や人間関係，コミュニティのあれこれにも目配せしながら多様な人たちとフラットに付き合うことができるのだろう。彼らの周りには「よそ者」も多く集まるから，同質性の強い地域に風を吹き込むこともできる。

（小松理虔『新地方論』光文社新書）

*Ｕ・Ｉターン：ＵターンとＩターンのこと。Ｕターンは，ここでは故郷から都市部に
　　　　　　　　移住した後，出身地に戻ること。Ｉターンは，ここでは都市部の出身者
　　　　　　　　が地方へ移住すること

問1　（　Ａ　）に入るものとして，最も適当なものはどれですか。　　　15

1．自由よりも規則
2．都市よりも地域
3．生活ではなく仕事
4．集団ではなく個人

問2　地方におけるＵ・Ｉターン者の機能として，筆者が挙げているものはどれですか。

16

1．地方と都市の両方の特徴を持つコミュニティを生み出している。
2．さまざまな事業を行うことで地域の都市化を推進している。
3．孤立しがちだった地元住民同士のつながりを強めている。
4．都市部から地域への移住者を増やす取り組みを後押ししている。

XIV　次の文章を読んで後の問いに答えなさい。

　生態学者ゲオルギー・ガウゼ（1910－86）は，ゾウリムシとヒメゾウリムシという二種
類のゾウリムシを一つの水槽でいっしょに飼う実験を行った。すると，水や餌が豊富にあ
るにもかかわらず，最終的に一種類だけが生き残り，もう一種類のゾウリムシは駆逐され
て，滅んでしまうことを発見した。こうして，強い者が生き残り，弱い者は滅んでしまう。
つまり，生物は生き残りを懸けて激しく競い合い，共存することができないのである。
　ナンバー１しか生きられない。これが自然界の厳しい掟^{おきて}である。…（略）…
　しかし，不思議なことがある。
　ナンバー１しか生きられないのであれば，この世には一種類の生き物しか存在できない
ことになる。それなのに，自然界を見渡せば，さまざまな生き物が暮らしている。ナンバー
１しか生きられない自然界に，どうして，こんなにも多くの生物が存在しているのだろう
か？
　じつは，ガウゼの実験には続きがある。
　ゾウリムシの種類を変えて，ゾウリムシとミドリゾウリムシで実験をしてみると，今度
は，二種類のゾウリムシは一つの水槽の中で共存をしたのである。
　どうして，この実験では二種類のゾウリムシが共存しえたのだろうか。
　じつは，ゾウリムシとミドリゾウリムシは，棲^すむ場所と餌が異なるのである。ゾウリム
シは，水槽の上の方にいて，浮いている大腸菌を餌にしている。一方，ミドリゾウリムシ
は水槽の底の方にいて，酵母菌を餌にしている。
　このように，同じ水槽の中でも，棲んでいる世界が異なれば，競い合う必要もなく共存
することが可能なのである。つまり，水槽の上のナンバー１と水槽の底のナンバー１とい
うように，ナンバー１を分け合っているのだ。

　　　　　　　　　　　　　　　　　　（稲垣栄洋『雑草はなぜそこに生えているのか』筑摩書房）

問1　下線部「自然界の厳しい掟^{おきて}」とはどのようなものですか。　17

 1．生物が生息できる環境はどんどん減少している。
 2．同じ環境に複数の種がいる場合，最も強い種のみが生きられる。
 3．弱い生き物は強い生き物の役に立つことでしか生きられない。
 4．一度競争に勝っても，すぐに次の競争相手が現れる。

問2　筆者は，ゾウリムシとミドリゾウリムシが共存できるのはなぜだと言っていますか。
　18

 1．どちらも同じような生態を持っているから
 2．食べるものと生息する場所が重複していないから
 3．ミドリゾウリムシは水槽内のどこででも生きられるから
 4．ゾウリムシはミドリゾウリムシと同じくらい強いから

XV　次の文章を読んで後の問いに答えなさい。

　エチオピアには，贈与の関係があふれている。ふつうに商品交換が行われるような場で
も，すぐ贈与の関係になってしまう。

　たとえば，あなたがご飯を食べようとレストランに入る。と，知人が食事をしている。
ここで相手がエチオピア人なら，かならず「一緒に食べろ（インニ・ブラ）！」と言われ
る。「食欲」という欲求は容易に共感され，「独り占め」をうしろめたく感じさせ，「相手
にふるまう」ことを求める。道を歩いているだけで，見知らぬ人たちから，「食べろ」と
声をかけられることも多い。

　逆に，あなたがなにかを食べているときに知り合いが通りかかれば，食べないとわかっ
ていても，「一緒に食べましょう」と声をかけるのが礼儀だ。心配しなくても，相手も適
切に状況を読んで，（嘘でも）「いま食べたからいいよ」とか言ってくれる。

　どうせ食べないのなら，なぜ，こんな面倒なことを繰り返すのか？　問題は食べるか，
食べないか，ではない。お互いが情に満ちた贈与／共感の関係にあることを，そのつど確
認する作業をしているのだ。食事のときに知人がいるのに，誘いもせず，見知らぬふりを
する。それはあなたとは敵対関係にあると宣言するに等しい。

　日本なら，レストランは商品交換の場なので，それぞれがお金を払って好きなものを食
べる。ふつうは，同席した人への配慮も遠慮も必要ない。友人と一緒のテーブルで食べて
も，それぞれの注文した料理の代金だけを個別に払うことも多い。それは関係が過剰にな
ることが忌避されているからだ。こうして「共感」は抑圧される。

　でも，場所やタイミングによっては，予期せず知人と同席したりすると，どこか「気ま
ずさ」を覚える感じもわかるだろう。これは相手への共感が抑えがたく生じてしまうから
だ。その場で，贈与の関係を選ぶべきか，交換の関係でいくべきか，微妙になるからでも
ある。

（松村圭一郎『うしろめたさの人類学』ミシマ社）

問1　エチオピア人が知人を食事に誘う理由について，筆者はどのように述べていますか。

19

1．相手が食事を与えるに値する人間かを見極めるため
2．自分が相手にどれだけ与えられるかを競うため
3．お互いが敵同士ではないことを確かめるため
4．別の機会に相手から食事をおごってもらうため

問2　日本の食事の特徴について，この文章の内容と合っているものはどれですか。 20

1．知人と同席した場合，エチオピアに比べ贈与の関係になることが多い。
2．同席した相手に食事をおごることは，マナー違反と見なされる。
3．知人と同席した際は，相手と同じ料理を食べるのが望ましいとされる。
4．エチオピアに比べ，同席した相手と過剰に関わり合うことは避けられやすい。

XVI　次の文章を読んで後の問いに答えなさい。

　教育には「人間として成長する」と「知識を学ぶ」の二つの面があると考えられている。そして，なぜか教育論議では「人間として成長する」を重視する人と，「知識を学ぶ」を重視する人に分かれる。ここに人間観の相違があるようだ。すなわち，「人間として成長」派は「知識を学ぶ」を含めて「人間として成長する」を考えているが，逆に，「知識を学ぶ」派は「人間として成長する」を無視しがちである。「知識を学ぶ」派は「もうすでにひとはそこにいる」と考えているようだ。「ひとはもともと勉強するもの」観に立ち，すでに「ひとはそこにいる」のだから，「人間として成長する」必要はないのである。かつて学校は「人間として成長する」に重点があり，そのなかに「知識を学ぶ」が大切なものとして含まれていた。だんだんと個人と経済の時代になり，「知識を学ぶ」に重心が移っていったようだ。昔の子どもは「人間として成長」（一人前のおとなになる）を強く意識していた。昨今の子どもたちは「知識を学ぶ」ところと一義的に捉えているのかもしれない。なぜなら，子どもたちはすでに自ら充分自立した個人（おとなと同じ一人前）と思っているからである。

　「人間として成長する」は子どもが何度も変革されていくことが想定されているが，「知識を学ぶ」は子どもに知識という付加価値が加算されていくイメージだ。本人の変革や変身は想定されていない。「人間として成長」が動的であるのに，「知識を学ぶ」は静的である。

（諏訪哲二『学力とは何か』洋泉社）

問1　教育において「人間として成長する」ことを重視する人の考え方として，最も適当なものはどれですか。　　21

1．知識を学ぶことは，人間の質的な変革のために必要な要素である。
2．人間は，勉強する能力を生まれたときから身につけている。
3．知識を学ぶことで，子どもたちは絶え間なく人間として成長する。
4．子どもたちの勉強面以外での成長を達成するのが，学校の主な役割である。

問2　筆者は，現在の学校はどのようなものになっていると言っていますか。　　22

1．子どもたちの個性や自主性を尊重している。
2．子どもたちに知識を与えることを重視している。
3．子どもたちの人間としての成長を最優先に考えている。
4．子どもたちを一人前のおとなとして扱っている。

XVII　次の文章を読んで後の問いに答えなさい。

　気分によって色の見え方が変わるかどうかについて，2015年にアメリカ，ロチェスター大学の心理学者らによるユニークな研究があります。

　実験では，1回目に127名の学生をふたつのグループに分け，一方のグループには，ディズニー映画の『ライオン・キング』から抜粋した悲しい動画，もう一方のグループにはコメディ動画を鑑賞させました。

　その後，被験者に全48色の*彩度を低くした色を見せ，それぞれが赤，黄色，緑，青のいずれであるかを答えてもらいました。すると，悲しい動画を観たグループは，黄色と青を正確に認識できないという結果になったのです。

　続いて行われた2回目の実験では，130人の学生を同じくふたつのグループに分け，一方が悲しい動画，もう一方にはただの**スクリーンセーバーを眺めてもらいました。

　その後，1回目の実験と同様に色彩テストを行ったところ，やはり悲しい動画を観たグループは黄色と青の正解率が低かったのです。

　人間は，色を赤と緑，黄色と青の対の組み合わせという信号の出力によって感じていますが，悲しい気持ちになると，黄色と青軸の色の認識が阻害されるのです。端的にいうと，実験の結果から，悲しいときに見える色はグレーがかり，鮮やかさが低下するということが判明したのです。

　（　A　），悲しみを抱えて見る世界は，実際にトーンダウンしてくすんで見えるということになります。研究者らは「この研究結果は，気分や感情が周囲の世界の認識に強い影響を与えることを示している」と述べています。

　悲しい気持ちは脳内のドーパミンを減少させ，私達の色の見え方に影響する。そう考えてみると，感情によるホルモン物質の分泌に影響を受けて，脳に届く色が変わって見えるのも不思議なことではありません。

　根本的に色は，脳で作られる「知覚像」であることがよくわかるのではないでしょうか。

(南涼子『一瞬で心が整う「色」の心理学』青春出版社)

＊彩度：色の鮮やかさの度合い

＊＊スクリーンセーバー：ここでは，意味のない映像や画像

問1　この文章で述べられている2回の実験結果からは，どのようなことがわかりますか。

23

1．同じ動画を観た人でも，悲しい気分になる人と楽しい気分になる人がいること

2．楽しい動画を観ると，赤色と緑色を見分ける能力が高まること

3．悲しい気分になったときは，彩度の低い動画を観るのがよいこと

4．悲しい動画を観たあとは，色を認識する能力が低下すること

問2　（　A　）に入るものとして，最も適当なものはどれですか。

24

1．つまり

2．たとえば

3．むしろ

4．また

問3　この文章の内容と合っているものはどれですか。

25

1．周囲の色環境は脳に大きな影響を及ぼす。

2．同じ色を見てもその意味の解釈は人それぞれである。

3．感情と色の見え方に関連性があるとは言い難い。

4．色は対象をあるがままに知覚したものではない。

模擬試験

第4回

記述問題は，二つのテーマのうち，<u>どちらか一つ</u>を選んで，記述の解答用紙に書いてください。

　　解答用紙の<u>テーマの番号</u>を○で囲んでください。

　　文章は横書きで書いてください。

　　読解問題は，問題冊子に書かれていることを読んで答えてください。

　　選択肢1，2，3，4の中から答えを一つだけ選び，読解の解答欄にマークしてください。

記述問題

以下の二つのテーマのうち，どちらか一つを選んで400〜500字程度で書いてください（句読点を含む）。

1.

テレビを見る時間よりも，インターネットを利用する時間の方が長い人が増えています。

テレビよりもインターネットの利用時間のほうが長い人が増えているのはどうしてでしょうか。その理由を書きなさい。

そして，今後，インターネットの利用はどうなっていくと思うか，あなたの考えを述べなさい。

2.

近年，ガソリン車ではなく，電気自動車に乗る人が増えています。

電気自動車に乗る人が増えているのはどうしてでしょうか。その理由を書きなさい。

そして，今後，電気自動車はどうなっていくと思うか，あなたの考えを述べなさい。

読解問題

I　筆者は，言葉についてどのように考えていますか。　　　　　　　　　　　1

　　言語学，少なくとも私が関わっている理論言語学では，言葉を「自然現象」として見る。言うまでもなく，自然現象は自然現象であり，そこには「正しい」も「間違っている」もない。台風が逆走したり，季節外れの大雪が降ったりすると，「おい，何か間違ってるぞ！」と叫びたくなるが，それは人間の都合から出た思いであり，自然の側からするとそれは必然的に起こっているのだ。どんな気候が正しくてどんな気候が間違っているかのような「規範」は，自然の中には存在しない。言語学の対象としての言語とは，まさにそういったものなのである。実際，ら抜き言葉であるとか，「全然オッケー」のような言い回しであるとか，そういうのは言語学の興味深い研究対象でこそあれ，排除の対象ではない。そういった言語変化はたいていシステマティックに起こっており，言葉というシステムに対して貴重な示唆を与えてくれるのだ。

（川添愛『言語学バーリ・トゥード』東京大学出版会）

1．自然現象の予測と同じように，言葉の変化の予測は難しい。
2．言葉は変化するものであり，絶対的な規範があるわけではない。
3．言葉のシステムは，自然のシステムに劣らないほど厳密である。
4．言葉には正しい使い方があり，それを守らなければならない。

「朝ごはん」コンテストのお知らせ

　　1日のエネルギーとなる「朝ごはん」の大切さを学生の皆さんに理解してもらうとともに，地産地消を促進するため，学生「朝ごはん」コンテストを開催いたします。
　　今回は，お米と地元野菜を使った朝ごはんを募集します。お米と地元野菜を食べられる，栄養たっぷりの朝食メニューをご提案ください。

■ **応募資格**　　本学の学生
■ **メニューの条件**
　1．1食あたりの食材価格の合計は500円程度とする。
　2．調理時間は1時間以内とする。（下準備の時間も含む）
　3．お米と地元の野菜をメニューに取り入れる。
　4．1食に含まれる品数は問わない。
■ **出品料**　　無料
■ **審査**
　・書類審査後，書類審査通過者に実技審査を実施し，入賞者を決定します。
　・書類審査
　　募集期間：20XX年7月18日（火）〜9月11日（月）
　　応募方法：「メニューの条件」を満たす朝食メニューのレシピ（作品名，1人分の材料・
　　　　　　　分量，作り方，完成写真）を，以下の「応募フォーム」より送信してくださ
　　　　　　　い。なお，応募数は1人1点までとします。
　　応募フォーム：https://xxxdaigaku.jp/asagohan-oubo/
　・実技審査
　　日時：20XX年10月14日（土）10時〜15時
　　場所：本学　3号館1階　調理学実習室
　・審査基準
　　○味覚（おいしさ）　○外見（彩り，見た目の美しさ）
　　○普及性（調理の手軽さ，食材の使い方）　　○栄養バランス
　　○アイデア（作品のネーミング，お米や地元野菜を食べる工夫）

1．下準備を終えてから1時間以内に調理を終えなければならない。

2．コンテストに応募すれば，全員実技審査を受けることになる。

3．地域で採れる野菜を使ったメニューを考える必要がある。

4．審査では料理の味と作りやすさが重視され，見た目は問われない。

III　筆者は，都心の繁華街にカラスが増えたのはなぜだと言っていますか。　　

　東京のカラスは明らかに生ゴミに依存している。…（略）…

　以前は，都心のカラスは，東京湾の「＊夢の島」で残飯を食べていた。いろいろなゴミをいっしょくたに東京湾に埋め立てていたからである。その後，1973〜74年頃に不燃ゴミと可燃ゴミの分別収集が導入され，1981年頃にようやく定着するに至った。そうなると残飯類は焼却炉で燃やしてしまうため，東京湾にでかけてもカラスたちは胃袋を満たせなくなってしまった。この分別収集法の導入をきっかけに，都心の繁華街でカラスが急増したらしい。カラスにしてみれば，路上に出された残飯をアタックしない限り食物にありつけなくなったのである。

（唐沢孝一『カラスはどれほど賢いか』中央公論新社）

　＊夢の島：以前，ゴミの埋め立て処分場のあった場所

１．夢の島にカラスの食べるものが少なくなったから

２．都心の繁華街で出されるゴミの量が増えたから

３．夢の島にはすでにたくさんのカラスがいたから

４．ゴミの分別収集が徹底されていないから

IV　筆者が述べる近代社会の定義として，最も適当なものはどれですか。 4

　わたしたちは，近代社会に生きています。… (略) …

　その近代社会のいちばん基本的な前提は何かと言うと……「*ヒトはモノではないということ」です。「ヒトは，他のヒトからの支配を受けたり，もっとひどい場合には，他のヒトから所有されたりしない存在である」という意味です。ヒトはモノではないということは，近代の日本に住むヒトには当たり前に思えることかもしれませんが，近代以前には，しばしばこの前提が崩されていました。逆に言うと，近代社会の出発点は，「ヒトは，モノを所有する主体である」という原則が確立したことにあるわけです。

　ヒトとは何かがはっきりしたので，モノとは何かの前提もはっきりします。モノというのは，ヒトによって所有される対象であり，所有される客体であるということになります。そこでヒトとモノとを，主体と客体というふうに区別するならば，「ヒトはモノではないのだ」ということが，基本的な原則になります。

(岩井克人「会社の行方」糸井重里『学問は驚きだ。』ぴあ)

　＊ヒト：人間のこと

１．客体としてのヒトも尊重される社会
２．ヒトがモノによって支配される社会
３．すべてのヒトが主体として生きる社会
４．ヒトが所有の対象となりうる社会

V　次の文章で，筆者は，文化に対して優劣の意識を持たないようにするにはどうしたら
　　よいと言っていますか。　　　　　　　　　　　　　　　　　　　　　　　　　5

　　自分と異なる文化に出会う時，当たり前になっている自国の習慣がはじめて意識される。
その時に「どちらの文化が優れているか？」という優劣の意識が生まれがちである。「二
文化間比較」という方法には，どちらか一方の文化に価値判断の基準を置こうとする意識
がはたらきやすいのだ。たとえば「洋服の似合う身体」が美の価値基準として刷り込まれ
ていると，「日本人の足は曲がっていてきたない」という価値判断が生まれる。しかしそ
の価値基準はあくまで西洋文化の上に立っているので，日本人や日本文化を判断する正当
な基準にはなり得ない，ということになる。そこで，もう一つの異なる文化を入れて三つ
以上の比較を行うと，三者それぞれが相対化されて，「どれも多様な文化の中の一つである」
という風に，それぞれを公平な見方で観察しやすい，という利点がある。

（矢田部英正『たたずまいの美学』中央公論新社）

１．異国の文化について学ぶ。

２．三つ以上の文化を比較し合う。

３．文化の違いをことさら強調しない。

４．自国の文化を見つめ直す。

VI 下線部「本物の読書家」とは，どのような人ですか。

　読書にはおよそ次の三つの種類があるように思う。

　第一は教養のための読書。これは当面何に役立てようというような実利的目的もなく，ただ人間としての教養を身につけ情操を高めるための読書である。

　第二は娯楽としての読書。おもしろく読めて一定の時間を退屈せずに過ごせれば，それでよい。

　第三は病気の手当てとか税金対策とか，現実生活に必要な知識を得るための実用的読書で，私の場合は広い意味でのこの実用的読書の範疇に入る。

　ほんとうの意味での読書家とは，上の第一のケースに相当する読者をいうのであろう。第二のケースはそれ自体けっして有意義な読書とはいえないが，第一の読者が第二の読者を兼ねているとすれば，いよいよ本物の読書家といっていい。実利的な目的を伴わぬ，いわば無償の行為に没頭している時間が，その人にとっての最大の愉悦であるといった，そういう読書家にとっては，ページを開く前，すでに書物を選び手に取るところから，読書の楽しみは始まっている。

（尾形仂「鷗外との出会い」

岩波文庫編集部編『読書のたのしみ』岩波書店　を参考に作成）

１．読書を通じて教養を身につけそれを何かの役に立てようとする人
２．書物の内容よりも読むという行為そのものを大事だと考える人
３．教養を身につけるための読書を娯楽として楽しめる人
４．読書は実用的なものではなく娯楽であると割り切っている人

VII　下線部「ほっとします」とありますが，筆者はどのようなときにほっとすると述べ
　　ていますか。　　　　　　　　　　　　　　　　　　　　　　　　　　　7

　面接試験をしていて愉しい受験生というのがいます。

　それは，「その場で思いついたこと」をしゃべってくれる人です。

　「その場で思いついたこと」というのは，こちらが差し出した予想外の質問とか，話の
流れでふと出てきた話題などがきっかけで，その場で生まれたものです。

　こういう話は，内容にかかわらず，試験している方もされている方も，ほっとします。
とりあえず，そこで話されていることについては，語っている受験生も，そのきっかけを
つくった試問者も，どちらもその生成に関与しているからです。その誕生に立ち会ってい
る。そこには，ある種の「かけがえのなさ」が感じられます。そういうとき，面接の場は
ずいぶんなごやかになります。私がここにいたために，このことばは生まれた……という
達成感のようなものを感じることができるからです。

　　　　　　　　　　　　　　　　　　　　　　　　　　（内田樹『先生はえらい』筑摩書房）

1．あらかじめ考えてきた内容を，受験生がスムーズに述べたとき
2．会話を重ねることで，試問者と受験生がお互いを理解できたとき
3．その場にいる人々の関わりの中で，受験生の発言が生まれたとき
4．受験生から試問者への質問が，積極的になされたとき

色は視覚だけではなく、「皮膚」でも感じられるといわれています。

皮膚は紫外線や赤外線だけでなく、私達が目にしている色と光（可視光）を実際に感知しているのです。

具体的には、皮膚には色をキャッチする「オプシン」という、目の網膜にあるたんぱく質が存在することが、最近では明らかにされています。この物質は赤、青、緑の色の光をとらえ、赤から青紫まで感じ取れるといわれています。

…（略）…

2017年にコペンハーゲンのデンフリー現代美術センターで、2週間にわたって16歳〜73歳の男女55人を対象に行った研究があります。

実験では目隠しをした被験者が、赤い照明下では「暖かく、穴の中に囲まれているかのような圧迫されている感覚」、青い照明下では「冷たく、宇宙に浮かんでいるような感覚」、黄色の照明下では「穏やかで自然で幸せな感覚」という、それぞれほぼ共通した体感を知覚していたことが報告されています。

つまり私達は目を閉じていても、色のエネルギーを受け取っているのです。

（南涼子『一瞬で心が整う「色」の心理学』青春出版社　を参考に作成）

1．目を閉じると、目を開けているときにはわからない光も感じ取れる。
2．人は光が目で見えていなくても、色を感じ取ることができる。
3．黄色の光に照らされた人は、暖かさと息苦しさを同時に感じる。
4．色を感じ取る機能を持つ成分は、網膜には含まれていない。

　筆者は,「ある学生」のレポートを読んで, どういうことに気づかされたのですか。

　＊ギグワーカーという言葉は, 実に言い得て妙な言葉だと思う。21世紀の労働者たちが当面する労働環境を, とてもよくとらえている。

　ただ, ある時, あることに気がついた。授業の課題レポートの中で, ある学生さんが, この言葉の意味を検索する前の初対面状態で「ギグワークとは何か＊＊即興で集まってやる仕事を指すのではないか」と推察していた。なかなか鋭い。そして, 筆者にとって実に示唆的だった。はっとした。なぜなら, ギグワーカーたちは集まらないからである。

　「即興で集まってやる仕事」というフレーズには, 何やらワクワク感が伴う。何か, 面白いことが始まりそうだ。だが, ギグワーカーたちは集わない。彼らは孤独だ。単独自力で, 生計を立てるために懸命になっている。

　…（略）… ギグに参加するジャズ・ミュージシャンたちのように, 反応し合い, 触発し合い, フュージョンし合い, 絶妙なハーモニーを生み出すわけではない。

（浜矩子『人が働くのはお金のためか』青春出版社）

＊ギグワーカー:「ギグ」は, 音楽家が行う一度限りの演奏会。「ギグワーカー」は, 単
　　　　　　　　発の仕事をする労働者
＊＊即興:その場で即座に創作すること

１．その名称に反し, ギグワーカーたちは孤独な存在であるということ
２．その名称に反し, ギグワークとは不安定な仕事であるということ
３．その名称通りに, ギグワーカーはミュージシャンのようであるということ
４．その名称通りに, ギグワーカーは大勢で働くことを好むということ

　鎌倉時代以降，表向きとはいえ肉食が禁止されたことで，大豆の栽培がそれまで以上に盛んになりました。蛋白質を大豆から摂取するためです。「畑の肉」といわれるとおり，大豆は蛋白質が豊富で，成分全体の約35パーセントが蛋白質です。

　…（略）…

　大豆は貴重な栄養源であるだけでなく，加工すると弾力が出て食べごたえが生まれるため＊精進料理に欠かせません。大豆を原料とする味噌，醤油，糸引き納豆の開発が日本で独自に進み，豆腐，おから，ゆば，あげなどの大豆製品とともに浸透していきました。

　精進料理では肉のほかに，葱，ニラ，ニンニクなど刺激の強い食材の利用が禁止され，調理のしかたにも細かい制約がありました。しかし，逆にそのことが，食材の下ごしらえや出汁と調味料の工夫をはじめ，調理技術の飛躍的な向上をもたらしたとされています。

　魚から動物性蛋白質を，大豆と穀物から植物性蛋白質を摂取する食習慣は身分を超えて広がって，のちの日本人の健康に大きな恩恵となりました。

（奥田昌子『日本人の病気と食の歴史』ベストセラーズ　を参考に作成）

＊精進料理：植物性の食材のみで作った料理

１．日本人は動物性蛋白質を好まなかった。
２．大豆は調理が簡単なため精進料理で重宝された。
３．制限の多い精進料理が調理の技術を発展させた。
４．肉食を再開することで日本人の健康は損なわれた。

XI　次の文章を読んで後の問いに答えなさい。

　キャリアマネジメントという考え方がある。最近では，研修にキャリアマネジメント・
＊ワークショップを取り入れる企業が増えてきており，実際に私も何度か依頼を受けて，
いくつかの企業でワークショップのファシリテータ（運営＆促進者）を行ってきた。

　キャリアマネジメントとは，正確にいうと，キャリア・セルフマネジメント（＝キャリ
アの自己管理）のことで，会社に管理されてきた自分のキャリアを，自分の問題として自
身でも管理・運用していこうというものである。従来，日本企業ではあまり行われていな
かったが，外資系企業ではごく日常的に行われてきたものである。なお，「キャリア」と
は職業を中心にした人生全体のことである。

　管理職を対象とした研修でのキャリアマネジメント・ワークショップは，蓄積してきた
自分のキャリアを＊＊棚卸しして自己認識をした上で，そのキャリアを使い，次にどんな
業績を上げて自分の付加価値を高め，企業または社会での存在感を増していくか──これ
を自分の問題として考えることが目的である。

　ただし，これまでのように，企業が何の仕掛けもせずに一般研修として導入した場合は，
単なる研修場面でのプランづくりになってしまうので，職場に戻ってもまず実行されるこ
とが少なく効果は出ない。しかし，何か具体的な自分に関わる危機や転機とセットにして
導入し，職場レベルでも部門長がプランの実行を促進，部門長を支援する人材開発担当者
がこれをフォローしていくかたちで展開できれば，かなりの確率でキャリアマネジメント
が機能する。それによって，個人にとって大切な「次の業績」という成果を上げるプロセ
スを通じて，個人の市場価値が高まる可能性が出てくるのである。

（香本裕世『「会社を変える」人材開発』光文社新書）

＊ワークショップ：講習会，研修会
＊＊棚卸し：ここでは，確認・整理すること

問1　キャリアマネジメントについて，本文の説明と合っているものはどれですか。　11

1．今後の自分の生き方を，会社に決めてもらおうとする取り組みである。
2．日本国内の企業から外国の企業へと広まっていった取り組みである。
3．仕事を含めた自分の人生を，自分で管理しようとする取り組みである。
4．部下や同僚のキャリアについて知り，学びを得ようとする取り組みである。

問2　下線部「個人の市場価値が高まる可能性が出てくる」のは，どのような場合ですか。
　12

1．キャリアマネジメントの重要性について，研修を通して納得できた場合
2．キャリアマネジメントの一環として，職場外での活動にも取り組んだ場合
3．キャリアマネジメントに関する研修を，会社主導で繰り返し行った場合
4．キャリアマネジメントを，周囲の援助を得ながら自分の職場で実践した場合

XII　次の文章を読んで後の問いに答えなさい。

　スギヒラタケが毒キノコだと判明したことには，2003年の感染症法の改正が関わっているという。改正された法律では急性脳症の患者が出ると行政に報告しなければならず，そのなかにスギヒラタケを食べたことが原因と思われる例が多数報告された。スギヒラタケと急性脳症の因果関係は，症例の報告が多く集まるまで気づかれていなかったのである。

　この話を聞くと，「昔の人たちは間違っていた」と思うだろう。スギヒラタケが「毒キノコ」に分類されるものであることは，スギヒラタケの成分と人体の構造によって決まる。人間がスギヒラタケは毒だと思っていようと安全だと思っていようと，それとは独立に毒であることは決まっている。しかし，つい最近までそれを理解できていなかった。このように，自然物の特徴は人間の理解とは独立に決まっている。人間にできるのは，その特徴を正しく理解するか間違えるかである。

　これに対し芸術はそうではない。前の時代には「芸術」に分類されないものが現代では「芸術」に分類されるようになったときに，前の時代の人々が間違っていたということにはならない。むしろ，前の時代と現代とでは芸術の概念が違っているということになる。

　なぜなら，芸術は人間が生み出したものであり，何が芸術であるかは私たちの理解によって決まるからだ。自然物がどういうものであるかは人間の理解とは独立に決まっているが，何が芸術であるかは人間の理解から独立に決まっていない。というのも，芸術を生み出すのも，何かを芸術と認めるのも，人間であるからだ。芸術家が前の世代にはない新しいものを作り出したとき，その作品によって「既存の芸術概念には当てはまらないが，言われてみればこれも芸術だ」という同意が人々のあいだでとれ，それによって芸術概念そのものが変化してしまうのである（もちろん，そう思わせるだけの傑作は多くない）。

（源河亨『「美味しい」とは何か』中央公論新社　を参考に作成）

問1　スギヒラタケについて，本文の説明と合っているものはどれですか。　　13

1．健康被害の報告がないのであれば，スギヒラタケは毒キノコではない。
2．スギヒラタケは，それを人間がどう認識しようとも毒キノコである。
3．感染症法の改正以降，スギヒラタケは毒性を持つようになった。
4．スギヒラタケが毒キノコかどうかは，人間の線引きによって決まる。

問2　下線部「前の時代の人々が間違っていたということにはならない」とありますが，
　　その理由として最も適当なものはどれですか。　　14

1．前の時代の人々の芸術に対する理解が浅かっただけだから
2．芸術の定義が前の時代には決まっていなかったから
3．芸術の定義は時代によって異なるものだから
4．前の時代には芸術そのものが存在しなかったから

XIII　次の文章を読んで後の問いに答えなさい。

　保全*生態学と通常の生態学がいちばん大きく違うのは，人間の活動そのものを研究の対象にしているという点です。というのも，環境保全をするためには何をしなければいけないかといえば，生態系が実際にどう動いているのかを見なければならない。そして，今この地球上に人間が関わらない生態系というのは，ほとんどありません。われわれが伝統的な生態系だと思っているものにも，必ず人間の手が入っている。

　日本の里山がその例としてよく挙げられますね。里山の大部分は，昔から人が中に入って，木を伐採して薪_{たきぎ}として使ったりしてきた。そうやって生態系が維持されてきたために，最近になって森林が放置され，人間の手が入らなくなると，旧来の生態系が維持できなくなる。「手つかずの自然が大事」などとよく言われますが，人の介入も自然の一部ですから，かえって（　Ａ　）ために，山が荒れるというようなことも起きたりするわけです。

　つまり，生態系の維持という目的のためには，実は人間の活動が非常に重要なファクターとなってくるので，それを含めて考えなければいけない。旧来の生態学では，人間はあくまで撹乱_{かくらん}要因であって，それを排除すれば本来の生態系がわかるという研究でした。今の保全生態学ではそうではなく，むしろ人間の活動を計算に入れないときちんと対処できないので，必要な情報の中に入れています。

（伊勢田哲治「科学の拡大と科学哲学の使い道」

菊池誠他 飯田泰之＋SYNODOS編『もうダマされないための「科学」講義』光文社）

＊生態学：生物と環境，または生物同士の相互作用を扱う学問

問1　（　A　）に入るものとして，最も適当なものはどれですか。　15

1．自然が豊かになった
2．人が木を伐採するようになった
3．人が触れなくなってしまった
4．地球温暖化が進行してしまった

問2　筆者は，保全生態学が人間の活動も研究の対象にするのはなぜだと述べていますか。　16

1．人間の活動が生態系に及ぼす影響は，無視できないほど大きいから
2．人間によって自然がどれだけ破壊されてきたかを究明する必要があるから
3．人間の影響を受けていない生態系が，近年ますます増加しているから
4．人間の活動が生態系に与える影響を研究すれば，それを軽減する方法もわかるから

XIV 次の文章を読んで後の問いに答えなさい。

　気候変動対策は，経済・産業構造に変化を求める内容を含みます。たとえばCO_2排出制限は気候変動対策の代表的なものの１つです。ガソリン車を段階的に使用不可にするといった政策がとられるとしましょう。そうすると，ガソリン車に関わるビジネスで社会的成功を収めてきた人や企業はこれまでのやり方を続けることができず，苦境に立たされるかもしれません。場合によっては，これまで維持されてきた「序列」が変わってしまう可能性もあります。*ジョストは，<u>そのような脅威</u>を認識することを避けるため，人は現状の経済システムを正当なものであると捉え，さらには気候変動を示す証拠や経験をできるだけ「なかったこと」にしようとするのではないかと予想しました。

　この予想と一貫する研究結果が複数報告されています。まず，アメリカ社会を対象としたいくつかの研究によれば，格差の存在も含めて現状の経済システムを正当だと考える傾向にある人は，気候変動に懐疑的な態度をとる傾向にあることがわかりました。

　さらには，現状の経済システムの正当化は，体感している気温の予想値とも関係があったのです。ジョストたちの研究グループは，夏のニューヨークのタイムズスクエア前で，現在の外気温がどれくらいだと思うかを，道ゆく人々に予想してもらいました。人は，寒い日よりも暑い日に気候変動を認識しやすい傾向にあると指摘されており，それを踏まえ計画された研究です。…（略）…

　声をかけられ外気温を予想した人たちは，現状のアメリカの経済システムが正当であると考える程度を測定する質問や，気候変動が本当に起こっていると思うかどうかを尋ねる質問にも同時に回答しました。分析の結果，経済的な成功はその人が頑張ったからだとか，富を平等に配分する必要はないといった，格差が存在する現在のアメリカ社会の経済システムを正当だと考える人ほど，外気温を実際よりも低く予想しました。加えて，外気温を低く見積もった人たちは，気候変動に懐疑的な反応も示しました。

（村山綾『「心のクセ」に気づくには』筑摩書房）

　　＊ジョスト：アメリカの社会心理学者

問1　下線部「そのような脅威」の内容として，最も適当なものはどれですか。　　17

　1．地球の気候が人間にとって住みづらいものに変化していること
　2．それまでの経済のあり方が変化してしまうかもしれないこと
　3．ガソリン車の数が世界的に増加する可能性があること
　4．実際に起こっている気候変動を認識できなくなること

問2　この文章の内容と合っているものはどれですか。　　18

　1．気候変動が進むほど，経済的な格差は広がっていく傾向がある。
　2．積極的に気候変動対策に取り組む人は，貧困層よりも富裕層に多い。
　3．人は，気温が低い日ほど気候が変化している実感を持ちやすい。
　4．気候変動に対して疑いを持つ人は，格差社会を肯定する傾向がある。

XV　次の文章を読んで後の問いに答えなさい。

　一般に小売業では翌日や翌々日に商品が入荷することを前提とするため，そんなに先の需要について考える必要はありません。外食サービス業についても同様です。日々，短期的に必要になる食材を発注しています。

　しかし，この発注を受けるメーカーでは商品をつくる必要があり，より長い時間がかかるため，もう少し先の需要を予測する必要があります。こうした時間は*リードタイムと呼ばれますが，業界によってその程度は様々です。

　例えばペットボトルのバリエーションは多くなく，各飲料メーカーはキャップやラベルの色やデザインで差別化を図り，それらの調達には数ヵ月や半年などはかからないことが一般的です。

　一方で化粧品は各ブランドでデザインが大きく異なり，その調達には半年程度かかることも珍しくありません。こうした容器デザインの他にも，輸送の方法でリードタイムは異なります。

　海外から調達する部品があれば，その分リードタイムは長くなりますが，これは船か航空機かによって大きく変わります。船の方が，時間はかかりますが，費用は安いといった特徴があります。扱う商材によって調達のリードタイムは大きく異なり，それを踏まえて需要を予測する必要があります。

　小売業やサービス業からの発注は翌日や翌々日を対象としますが，配送のためのトラックや人員は，そんな短期間ではスケジューリングできません。つまり，ここにも需要予測が必要になります。

　これらの例からわかる通り，需要予測は**サプライチェーンの所々で発生する時間のギャップを埋める役割を担います。小売業やサービス業からの発注とメーカーにおける商品の生産，物流企業のトラックや配達人員の手配などに必要な時間のギャップです。

（山口雄大『すごい需要予測』ＰＨＰ研究所）

　＊リードタイム：ここでは，商品の発注から顧客に商品が届くまでの時間

　＊＊サプライチェーン：製品の原材料・部品の調達から販売までの一連の流れ

問1　下線部「もう少し先の需要を予測する必要があります」とありますが，それはどうしてですか。　　　　　　　　　　　　　　　　　　　　　　　　　　19

1．メーカーは個人でなく企業に対して商品を売るから
2．メーカーは時間をかけて商品を製造するから
3．メーカーは大小さまざまな商品を取り扱うから
4．メーカーは顧客から頻繁に注文を受けるから

問2　この文章によると，需要予測はどのような目的で行われるのですか。　20

1．小売業やサービス業から発注を受けた商品を素早く届けるため
2．遠方から材料を取り寄せる際，船ではなく飛行機を使うため
3．異なる商品の生産にかかる時間をそろえるため
4．商品を運ぶための車や人を手配する必要をなくすため

XVI　次の文章を読んで後の問いに答えなさい。

　手描き地図に描かれた道路や河川などを実際の地図と比べてみると，複雑な形状の道路や河川が直線に近く描かれたり，斜めに交わる道路が直交したりしてはいないでしょうか。*認知地図上では，複雑な形状の**地物が単純化されて記憶されたり，不揃いの場所が整列したりといったように，簡略で均整のとれた配列や幾何学的形状になりがちです。

　加えて，手描き地図上で場所間の距離を測ると，自宅から近くまでの距離の方が，遠くの場所までの距離よりも過大評価される傾向はみられないでしょうか。あるいは，都心方面への距離は実際より短く（あるいは遠く）感じられることはないでしょうか。このように，認知地図は一定の歪みを帯びています。それには個人の行動圏の広がりの違いや居住歴，環境から得る情報源などが影響するといわれています。

　「ここ」の位置を伝えるためには，こうした認知地図の個人差をなるべく小さくして，共通する部分を広げる必要があります。認知地図は，空間を移動することで得た直接的情報と，地図などの媒体から得た間接的情報から形成されますが，後者から得た情報には個人差が小さく比較的正確な認知地図になるといわれています。したがって，多くの人が地図を使えば，それによって共通の認知地図が形成されやすくなります。また，認知地図にみられる歪みを完全になくすことは難しいため，誰もが歪みを帯びた認知地図を持っていることを前提にして，それを自覚しながら他者とのコミュニケーションをとることも重要です。そのとき，外在する地図を媒介させることによって，人々の空間認識や世界像の共有を促進することができるのです。

（若林芳樹『デジタル社会の地図の読み方 作り方』筑摩書房）

　＊認知地図：頭の中にある地図のこと
　＊＊地物：建物・道路・川・木など，地上にあるすべての物

問1　認知地図について，この文章で述べられていることはどれですか。　$\boxed{21}$

1．複数の地物が混ざりあって複雑になる傾向がある。
2．自宅から遠い場所ほど距離感の歪みが小さくなる。
3．物や地形が実際よりも簡単な形状になる。
4．幾何学的な形状の対象物を中心にして作られる。

問2　筆者は，他者と共通の認知地図を作るにはどうすればよいと言っていますか。　$\boxed{22}$

1．実際の地図を活用して自分の認知地図の歪みを小さくする。
2．同じ場所について各自が描いた手描き地図を他者と見せ合う。
3．自分の認知地図を日常的に確認することでその歪みを自覚する。
4．他者と共に同じ空間を移動することで空間認識の共有を図る。

XVII　次の文章を読んで後の問いに答えなさい。

　恋愛も不変ではありません。社会や時代の中でどんどん変わり続けているのです。

　例えば*バブル期，恋愛も，その時代の影響を受けています。1980年代，バブル期絶頂の時代，富裕層の若者たちは，高級ブランドのスーツを身にまとい，自家用車にお金をかけ，都市生活を満喫しはじめるようになりました。そうした中で，音楽・ファッション・小物，これらの文化的アイテムが，すべて「商品」として売り買いされることが前提とされるようになりました。

　その中で恋愛も，おしゃれなライフスタイルを彩_{いろど}るものと位置づけられるようになったのです。クリスマスともなれば，高級スーツに身をつつんだ男性が，エルメスなどのブランドのプレゼントを小脇に抱え，クルマで彼女を自宅まで迎えに来て，おしゃれにエスコートして高級レストランで食事をする。——そんな光景が繰り広げられるようになりました。

　…（略）…

　しかし1990年代に入り，バブルがはじけるとともに，そういった恋愛のかたちにも変化が訪れます。軽いタッチで恋愛模様をおしゃれに楽しむというのではなく，一人の異性を一途_{いちず}に思い続ける「純愛」が称揚されるようになります。

　テレビドラマが提供する物語は，私たちの社会を映し出す鏡であるといえます。（　Ａ　），この頃，テレビドラマの恋愛がどのように描かれるようになったのか見てみますと，やはり「純愛」的な要素を持つドラマが多くの人びとから支持を集めるようになっています。

　その際，恋愛こそが，「自分がどのように生きるのか」を実感させてくれるものであるというメッセージを濃厚に伝える番組が数々現れているのです。

　…（略）…

　バブルがはじけた後の時代において，純愛ドラマの中で，恋愛こそ「自分がどのように生きるのか」を実感させてくれるものである，といったメッセージが何度もリピートされていくようになったのです。こうして，社会の中で，恋愛が，生きる「意味」を付与する装置として発見され，積極的に動員されていったのです。

　「恋する」ことが，生きる「意味」と重なっていくような社会が現れてきたのです。すなわち，「恋する社会」の誕生です。

（遠藤英樹『ポップカルチャーで学ぶ社会学入門』ミネルヴァ書房）

＊バブル期：1980年代後半から1990年代初めにかけての，日本の景気がよかった時期

問1　1980年代の富裕層の若者について，この文章の内容と合っているものはどれですか。
　　　　　　　　　　　　　　　　　　　　　　　　　　　　　　　　　23

１．都会から郊外や地方に移住する動きが目立った。
２．自分が所有する車に似合う音楽や服装を追求した。
３．恋愛を描いたテレビドラマに熱中する人が急増した。
４．生活の飾りとなるおしゃれなアイテムとして恋愛を捉えた。

問2　（　Ａ　）に入るものとして，最も適当なものはどれですか。
　　　　　　　　　　　　　　　　　　　　　　　　　　　　　　　　　24

１．むしろ
２．一方
３．要するに
４．ですから

問3　バブルがはじけた後の恋愛について，本文の説明と合っているものはどれですか。
　　　　　　　　　　　　　　　　　　　　　　　　　　　　　　　　　25

１．純愛をテーマとしたテレビドラマの数が減っていった。
２．恋愛は生きることそのものであると見なされるようになった。
３．恋愛をする人が増え，人々のライフスタイルの一部となった。
４．一人の人を愛し続けることより，気軽な恋愛が好まれた。

模擬試験

第5回

記述問題は，二つのテーマのうち，どちらか一つを選んで，記述の解答用紙に書いてください。

解答用紙のテーマの番号を○で囲んでください。

文章は横書きで書いてください。

読解問題は，問題冊子に書かれていることを読んで答えてください。

選択肢１，２，３，４の中から答えを一つだけ選び，読解の解答欄にマークしてください。

記述問題

　以下の二つのテーマのうち，<u>どちらか一つ</u>を選んで400〜500字程度で書いてください（句読点を含む）。

1.
　大学は，入学するために試験を受ける必要があったり，卒業するために必要な数の授業を受ける必要があったりします。このように，大学は入学にも卒業にも条件がありますが，「卒業より入学を難しくすべきだ」という考え方がある一方で，「入学より卒業を難しくすべきだ」という考え方もあります。
　両方の考え方に触れながら，大学の入学と卒業について，あなたの考えを述べなさい。

2.
　仕事に関して，「好きでなくても収入が高い仕事をすべきだ」という考え方がある一方で，「収入が低くても好きなことを仕事にすべきだ」という考え方もあります。
　両方の考え方に触れながら，仕事の選び方について，あなたの考えを述べなさい。

読解問題

I　下線部「ちょっと書き直してもらいたい」とありますが，編集者がそのような要求を
　出すのはなぜですか。

1

　　よく編集者の方とも話をするんだけれども，大学教授の方の書いた本を出すときには困
ることがよくあるそうです。難しすぎるからちょっと書き直してもらいたいと思っても，
相手が応じてくれないっていうわけですよ。

　　理由は簡単で，大学教授や科学者って論文を書きますよね。これには慣れていますよね。
でも，論文を書くのと同じ調子で一般向けの本も書いちゃうんですよ。そこの区別がつけ
られないのです。

　　編集者はその原稿を読んで，これは論文調だから一般読者は読まない，専門用語がたく
さん出てきて難しいから商業出版としては成り立たない，そういう常識的な判断をする。
要するに社会とのリンクがあるわけですよね。お客さんの目線でものを考える。それが商
品を作ってお客さんからお金をもらう，ということです。

　　でも，大学の先生はそれを聞くと，なんか自分自身がけなされたみたいに感じて怒りだ
すらしいんですよ。その対応がすごく面倒くさいそうです。

（竹内薫『自分はバカかもしれないと思ったときに読む本』河出書房新社）

１．編集者は大学教授にもっと難しい論文を書いてほしいから
２．大学教授が書いた文章は常識から外れた内容が含まれているから
３．大学教授が論文のように書いた文章を一般向けの本にするのは難しいから
４．読者は専門用語がたくさん書かれている本にお金を払うから

II　次のお知らせの内容と合っているものはどれですか。 2

試験に関する注意事項

○ 試験開始前の注意
- 学生証のない者は受験できない。試験当日に学生証を忘れた者は，学生課で仮学生証の交付を受けること(当日限り有効)。
- 学生証は，よく見えるよう机の座席番号板の下，または監督者が指示する場所に置くこと。
- 教科書，ノート，参考書，ペンケース，携帯電話，スマートフォン，腕時計型端末等の電子機器類は全てカバン等に入れ，指示された場所に置くこと。
- 試験場では，筆記用具の貸し借りは絶対にしないこと。

○ 試験時間中の注意
- 答案用紙に記入する在学番号・氏名は必ずペン書きとし，訂正する場合は二本線で消すこと。
- 試験開始から25分間は退室できない。また，試験開始から15分以上経過した場合は入室できない。

○ 試験終了後の注意
- 答案用紙は，必ず本人が指定された場所に提出すること。
- 答案用紙は白紙であっても，在学番号・氏名を書いて必ず提出すること。
- 無記名の答案用紙は，無効とする。

○ 不正行為（カンニング）について
- 不正行為を行った者は，当該定期試験の全科目を失格とする。
- 使用したかどうかにかかわらず，スマートフォン，携帯電話，カンニングペーパー等を机の下に置いたり，身に付けたりしていた場合は失格とする。

※ノートやテキスト類の持ち込みが許可されている場合，許可されているもの以外の持ち込みは不正行為とみなされるので十分注意すること。

1．すべての試験でノート類の持ち込みは禁止である。

2．遅刻は試験開始後25分以内であれば許容される。

3．腕時計型端末を試験中も時計として利用してもよい。

4．学生証を忘れても学生課で仮学生証を発行すれば受験できる。

III　次の文章の内容と合っているものはどれですか。　　　　　　　　　　

　どうして*変態が昆虫の多様性に影響を与えたのだろうか。…（略）…

　幼虫は餌の豊富なところで食事に専念し，確実に成長を遂げる。そして，これは飛翔能力の獲得とも関係するが，成虫になって，別の場所に（多くの場合，飛んで）分散し，近親者のいない場所や，ほかのよりよい生息環境に産卵する。

　もしこれまでと違う生活環境に適応できれば，それは新たな種の誕生につながる。

　反対に，変態をしないとどうなるだろうか。昆虫のなかで飛ぶ進化を遂げていないのは，原始的な昆虫であり，変態を行わないシミ目やイシノミ目のなかまである。

　これらは移動分散に乏しく，幼虫と成虫が同じところに暮らし，生活環境も比較的単調である。そのため，どの種も似たような姿をしており，種数も少ない。これらの事実は，飛翔や変態が昆虫の多様性に与える影響の大きさを如実に表している。

（丸山宗利『昆虫はすごい』光文社新書　を参考に作成）

＊変態：幼虫から成虫になる過程で形態を変えること

１．変態する昆虫は生活環境を拡大しやすく，それが昆虫の多様性につながった。

２．幼虫と成虫の生活環境が異なる場合，昆虫は変態をする必要がない。

３．少数の変態しない昆虫の存在こそが，昆虫の多様性を支えている。

４．飛ぶことのできる昆虫は，成長すると生まれた場所に戻ってきて変態する。

IV　筆者は，「悪い失敗」がくり返される原因は何だと言っていますか。　　　　4

「ひとが成長するうえで，必ず必要となる失敗」が「よい失敗」なのです。

ですから，成長したいと望むひとは，積極的に「よい失敗」を経験するべきです。

では，「悪い失敗」とはどのようなものでしょうか。

極端に言えば「『よい失敗』に含まれないすべての失敗」が「悪い失敗」と言えます。具体的には「単なる不注意や判断ミスで起こり，そこからは何も学ぶことができず，何度もくり返されてしまうような失敗」です。たとえ他人には迷惑をかけないものであったとしても「悪い失敗」です。失敗したひとにとって意味がなく，反省もされないので，習慣的にくり返され，やがて大きな失敗につながるリスクがあるからです。

(畑村洋太郎『やらかした時にどうするか』筑摩書房)

１．失敗を重ねるごとに判断に迷うようになるから

２．失敗をしてもそこから何も学習されないから

３．失敗を成長に生かすには複数回の失敗が必要だから

４．失敗したという事実が隠されてしまいがちだから

V　筆者の考えと合っているものはどれですか。

　*大学入試センター試験に**リスニングが導入されたのは2006年からだが，これで日本人の英語が変わる，しゃべれる人がどんどん増えると言われたものである。

　しかし，英語教育の第一人者である行方昭夫によれば，それから10年近くたっても，英語がしゃべれる若者が増えたという話はあまり聞かないどころか，リスニングテスト導入の頃から，英語を読み，書く力の低下という現象が，多くの学生にみられるようになったのである。

　学生たちの英文の読解力の低下を切実に感じている行方は，聞くための勉強に時間と精力を奪われた結果だろうと分析している。読解力がなければ知的活動はできない。ただし，いきなり英語の読解力をつけようとしても無理であり，その前に日本語の読解力が必要となる。まずは日本語でよいので，しっかりと本を読んで読解力を磨くことが大切である。

(榎本博明『思考停止という病理』平凡社)

　*大学入試センター試験：日本全国で行われていた，大学入学のための試験

　**リスニング：ここでは，英語の音声を聞き取る試験

1．母語の読解力が十分に高ければ英語を学習する必要はない。
2．英会話が得意になれば英文の読解力も同時に向上する。
3．母語の読解力がなければ英文の読解力も向上しない。
4．英語学習においてはリスニング学習を優先すべきだ。

Ⅵ　次の文章で，筆者は，高山植物にはどのような特徴があると述べていますか。　6

　なぜ高山植物はきれいなのか。その理由を考えてみよう。

　まず思い浮かぶのは，大きさのバランスだ。高山植物は低地の植物に比べてサイズが小さいので，相対的に花が強調されて見える。アニメのキャラクターは，２頭身や３頭身で極端に顔が大きく描かれることが多い。その方が顔の特徴がアピールされて，印象が強くなるからだ。それと同様に，茎や葉っぱの小さい高山植物は花が強調される。気象の厳しい高山帯では枝葉を小さくするのはメリットがあるけど，それに合わせて花の大きさまで変えると不都合が生じる。最適な花の大きさは，花粉を運んでくれる昆虫との*フィッティングで決まる。虫のサイズは高山だからといって小さくなるわけではないので，花のサイズは低地でも高山でも一定の範囲に保たれているということだ。

（工藤岳『日本の高山植物』光文社新書　を参考に作成）

　＊フィッティング：適合性

１．低地の植物と比べて花に寄ってくる虫の数が少ない。
２．低地の植物と比べて花粉を運ぶ虫の大きさが小さい。
３．低地の植物と比べて花の大きさが極端に大きい。
４．低地の植物と比べて茎と葉は小さいが，花の大きさは変わらない。

VII 次の文章によれば，筆者は，どのような新聞記事がおもしろいと考えていますか。

7

一般に新聞記事が，本に比べて，深い意味でおもしろくないのは，＊５Ｗ１Ｈのすべてに答えようとしているからである。疑問がないと思わせる記事は，わかりやすい，けれども興味深くない。疑問の残るほうが，読者は知的好奇を刺激されて，自ら思考を働かせ，興味を覚えるのである。

全般的に，新聞は，第一面より最終面のほうがおもしろい。これは，社会面の記事のほうが風通しがよいからである。５Ｗ１Ｈなどということにしばられない小さな記事がかえっておもしろいのは偶然ではない。また，朝刊に比べて夕刊のつくりはいくらかゆるやかであるように思われるが，それがまた，読者には興味深く感じられる。生活的なところがいいのか。一読して，あと勝手なことを想像させてくれるのは，読者にとって好ましい読みものである。本などよりもおもしろいと感じる。こういうことを実感すれば，読者は新聞から離れることはない。

(外山滋比古『考える力』海竜社)

＊５Ｗ１Ｈ：「When」「Where」「Who」「What」「Why」「How」の頭文字をとった言葉。
　　　　　物事を正確に伝えるための要素

１．どんな読み手にとっても理解しやすいもの
２．知的に高度な内容が盛り込まれているもの
３．壮大な物語のように書かれているもの
４．読み手に想像の余地が残されているもの

VIII　次の文章の内容と合っているものはどれですか。　　

　石器作りは二つの点で，人類の*脳容量の増大に大きく寄与しました。まず，石器を作り出す作業には創意工夫が必要であり，これが脳を活性化させることになりました。そして石器を利用し，食材を細かく切断することにより消化効率のよい食事ができるようになり，十分なエネルギーが脳容量の増大をもたらすことになりました。巨大な脳組織を保持し，作動させるには多くのエネルギーが必要とされます。

　脳機能を維持するのにはどのくらいのエネルギーが必要となるのでしょうか。ヒト新生児は消費エネルギーの60％近くを脳で消費すると推定されています。また安静時の大人でも，消費エネルギーの25％程度は脳で消費されます。一方，チンパンジーは消費エネルギーの８〜10％程度しか脳で消費しません。これにより，ヒトはエネルギー消費の盛んな巨大な脳組織を持つ極めて稀有な生物であることがわかります。この脳組織を維持し，作動させるためには消化効率のよい食物を摂り，そこから十分なエネルギーを得る必要があります。

（佐藤隆一郎『健康寿命をのばす食べ物の科学』筑摩書房）

　＊脳容量：脳の大きさ

１．人類の脳は，消化しやすい食料を食べるようになったことで大きくなった。
２．脳が大きくなったことで，人類は石器を生み出す能力を得られた。
３．人間は，子どもより大人のほうが脳で使うエネルギーの割合が大きい。
４．人間の脳が消費するエネルギーの量は，時代が下るにつれ小さくなっている。

IX　次の文章は，ある大学の写真学科の教授が書いたものです。筆者の考えと合っているものはどれですか。　　　　　　　　　　　　　　　　　　　　　　9

　大学で新入生に向けた最初の授業で，私は必ず一つのことを口にすることにしている。

「これから写真を続けていく中で，ぜひ，写真より好きなもの，夢中になれるものを見つけてください」

　この発言をしたとき，目の前の学生たちはぽかんとしている。意味が理解できないといった印象を受ける。写真が好きで写真の学校に入ったのに，入学早々，写真より好きなものを見つけた方がいいって，いったいどういうこと？　そんな顔をしている。頭が混乱するのだと思う。無理もないことだが，冷静に考えてみてほしい。

　…（略）…

　山登りが嫌いな山岳写真家がいるだろうか？　…（略）…

　どの写真家も自分が好きだったり，興味がある被写体に対して貪欲だ。逆の言い方をすれば，写真を専門に勉強しなくても，山が本当に好きだったらわざわざ写真の学校へ行かなくても山岳写真家になれる。実際，そんな人は多くいる。技術は後からついてくる。表現する上では学歴は一切関係ない。本当に，好きこそものの上手なれである。でも，山に登る技術がなければ山岳写真家にはなれない。

　写真を学ぶとき，意外とこの部分，最も大切な部分に意識が向いていないことが多い。だから，写真をこれから本格的に学ぶ若者に対して，このことを伝えておきたいという強い思いがある。

（小林紀晴『写真はわからない』光文社新書）

1．写真の技術を磨くことよりも，写真を好きになることのほうが重要だ。
2．写真家になるうえで重要なのは，撮りたいと思えるものを持つことだ。
3．表現の幅を広げるためには，写真以外の表現方法も学ぶ必要がある。
4．写真を学ぶ際に必要なのは，理想の写真家像を明確に作り上げることだ。

Ⅹ　次の文章の内容と合っているものはどれですか。

　子供のころにこんな経験をしたことはないでしょうか。みんなでかくれんぼをしたい。でも一人だけ学年が下の子がいて，走るのが遅く，すぐにつかまってしまう。その子がかわいそうだし，遊びも盛りあがらない。

　そんなとき，どうしたでしょうか。みんなで相談して，たとえばその子だけ，みんなより早めに逃げてよい，というハンディをつけたりしたのではないでしょうか。あるいは，二，三人のグループを作って，そのグループ単位で逃げることにしてもいいかもしれない。つまり，全員が楽しく遊べるように，かくれんぼのルールを少し書き換えて遊んだはずです。

　実際の社会も同じです。この世に完璧な仕組みやルールはありません。アリが巣に住みながら絶えずそれを直し続けているように，私たちの生きる社会は作り途中なのです。

（伊藤亜紗「女子学生たちへ」

上田紀行編著『新・大学でなにを学ぶか』岩波書店）

１．社会のルールは状況に応じて変えていくことができる。
２．子供たちが満足できるような社会の仕組みづくりが必要である。
３．完全な社会を作ってもすぐに崩壊してしまうものである。
４．個人の能力には差があるので人は努力し続けなければならない。

XI　次の文章を読んで後の問いに答えなさい。

　拡大と成長を続ける経済システムですが，そのシステムが動いている地球は有限です。資源には限りがあります。私たちが必要とするモノもすでに飽和状態といえるでしょう。もうフロンティアがないのです。そのこともあって，近年では資本主義が行き詰まっていることが議論されています。

　もちろんまだ必要な食もモノも充分に得られない人も多くいます。でも「捨てる！」技術が流行ったり*ミニマリストが称賛されたりするほど，多くの人たちはモノを持ちすぎている。そんな消費者にもっと売ろうとして，**マストバイとか，今季買うべきとか，買わなきゃソン！とか，広告や雑誌があおり立てる。つまり，消費者が必要なモノだけを作って売って儲けられる時代は終わったといえるでしょう。

　食べものの世界でも，生きる糧を得るのとは違う要素でもっと食品を売ろうとしています。次々に発売されるスイーツや新商品や，次々に打ち出される名産品やご当地グルメ，人気アニメのレストランやキャラ商品はほんの一例です。そもそも塩や砂糖や油も，人間の本能が求める以上に食べさせようと，企業が消費者にもっと食品を買わせるために利用しているとの報告もあります。売るために注ぎ込まれる創意工夫はすごいですが，人の健康と自然環境に対しての影響はと考えると疑問に思います。

　それでも「商品」を売り続けないと成長できない。だから，グリーンとかヘルシーとか，意味づけや成分や形を変えて，とにかく売り続ける。それが資本主義のロジックだから。そして企業は他社よりも売って儲けなくてはならない。たとえ市場が成熟してもモノがあふれていても，みんながむしゃらに競争し続けなくてはならない。それが資本主義の世界だから。

（平賀緑『食べものから学ぶ世界史』岩波書店　を参考に作成）

＊ミニマリスト：必要最低限の物で暮らす人
＊＊マストバイ：必ず買うべき，ということ

問1　下線部「そんな消費者」とありますが，どのような人のことですか。　　11

1．新しいものが好きで流行に乗り遅れたくない人
2．新しいものを買ってもすぐに捨ててしまう人
3．必要なものも満足に買うことができない人
4．必要なもの以外にも多くのものを所持している人

問2　資本主義の世界で商品を売るために企業が行っていることとして，筆者が挙げているものはどれですか。　　12

1．他社が売っている商品を分析し，よく似た商品を開発すること
2．消費者が生きていくうえで必ず必要になるものを中心に販売すること
3．生きるためには必要のないものも売るために，商品に新しい価値を与えること
4．それまで食品に多く使用していた塩や砂糖や油の量を大幅に減らすこと

XII　次の文章を読んで後の問いに答えなさい。

　頭を使う最も簡単な方法は，本を読むことだが，しかし，文字を読むだけでは，頭は回っていない。条件反射のように，目が文章を追っているだけだ。特に物語は，ドラマを見ているのと同じで，ただ流れる映像を目が追っているというだけである。また，ノンフィクションを読んでも，ただ知識が頭の中に飛び込んできて，それをしばらく記憶するだけのこと。これでは単なる「学習」である。

　考えることは，学ぶこととは違う。大違いである。たとえば，学校で授業を受けているとき，頭を使っているだろうか。ぼうっと聞いているだけでは，頭は働いていない。教えてもらったことを覚えるのも，頭を使ったことにはならない。

　学校で一番頭を使うのはテストのときだろう。目の前にある問題を解釈し，頭の中にある材料でそれに答えなければならない。特に，算数や数学の問題では，頭の中にある材料を出すだけでは答にならない。その場でなにか展開し，計算する必要がある。これは，なにかを作るような作業に近い。数学の解答というのは，入れたものをただ出すのではなく，その場で作るものなのである。

　この頭がなにかを作り出す，あるいは組み立てるという行為が，「考える」の本来の意味であるから，数学のテストが頭のジョギングに適したエクササイズといえる。若いときに算数や数学を習うのは，頭の運動のし方を覚えるためだったのだ。これができるようになると，もっと難しい問題，自分の役に立つ問題を解決できる力がつく。

　したがって，本を読むときにも，そこに問題を見つけて，自分なりに解いてみることが，考える頭を育てるトレーニングになる。問題を見つけること自体が，既に考える行為であるけれど，これがまったくできない人もいるかもしれない。そういう人は，問題集，つまりドリルのような本を読んで，順番に解いていくしかない。

（森博嗣『悲観する力』幻冬舎）

問1　算数や数学について，筆者の考えと合っているものはどれですか。　13

1．試験では，学んだ事柄を使ってその場で解答を作り出す必要がある。
2．数学の問題を解くことは，何かを組み立てる作業とは根本的に異なる。
3．計算して答えを出すだけでは，頭を使っているとは言えない。
4．幼少期に自分ひとりの力で習得しなければならない。

問2　筆者は，頭を使うためにはどのように本を読めばいいと言っていますか。　14

1．物語ではなく，ノンフィクションの本を読む。
2．頭の中に映像を思い浮かべながら読む。
3．内容に関する問題点と，その解決法を考える。
4．自分の知らない内容を見つけ，それをなるべく多く覚える。

XIII　次の文章を読んで後の問いに答えなさい。

　彫刻家の佐藤 忠 良（ちゅうりょう）さんが，あるエッセイで「仏像は立っていない」ということを書いていました。それは，こういうことです。そもそも彫刻家にとっては，重力というのが，永遠のテーマで，人体像をつくったら，きちんとバランスをとって「立って」いるように見えないといけません。彫刻というのは，重力との対話，という側面すらあって，重心の軸がどこにあるのかを常に意識しているはずです。そうしないと，彫刻としての存在感が希薄になって，ふわふわ漂っている幽霊のようにすら見えてしまいます。

　そんな彫刻家の一人である佐藤忠良さんが，「仏像は立っていない」と言っているのです。つまり彫刻家が常に*腐心（ふしん）している重力，立つ，という基準で見ると，仏像はその基準を満たしていない，となると言うのです。

　では，どうなっているのかというと，頭の上に紐があって，その紐から仏像はぶら下がっている。そういうふうに見えると言うのです。確かに，聖林寺の『**十一面観音菩薩像（かんのんぼさつぞう）』も，そんなふうにぶら下がっている，浮遊しているふうにも見えます。立っている足の裏に，力がかかっていないふうにも見えます。

　これは，仏像が彫刻としてダメだ，と言っているのではありません。なにしろ仏像は，人間ではなく，超越的な存在なのです。ですから空中に浮遊しているかのような，立っていない造形のほうが，かえって仏像らしいとも言えます。

　ですから「仏像は立っていない」で，正解なのです。

（布施英利『「美術的に正しい」仏像の見方』ワニ・プラス）

＊腐心：実現のために心を悩ませること
＊＊十一面観音菩薩像：仏像の一つ。頭上に十一の顔を持つ

問1　下線部「こういうこと」とは，どういうことですか。　　　15

1．仏像をよく見ると浮いていることがわかる。
2．仏像の立ち姿には重力が感じられない。
3．仏像は座っている姿こそが最も美しい。
4．仏像は人間の体そっくりに作るべきだ。

問2　筆者の考え方と合っているものはどれですか。　　　16

1．仏像を鑑賞する際には，装飾の細かいところまでよく見ることが大切である。
2．仏像は人間とは異なる存在であるので，重力が感じられなくても問題はない。
3．仏像について理解したければ，つくられた時代の彫刻の技術について学ぶのがよい。
4．美しい仏像をつくるためには，重心の軸が見た人にわかるようにする必要がある。

XIV　次の文章を読んで後の問いに答えなさい。

　交渉における重要なポイントの一つは，「どれくらい満足できる交渉だったか」は，私たちが思っている以上にあやふやであるということだ。

　一般的には，売り手の場合は「モノが高く売れれば売れる」ほど，買い手の場合は「安く買えれば買える」ほど満足感は高まるのだが，実はその判断は想像以上に周りの影響を受けやすいことがこれまでの研究から分かっている。そして，そこにこそ交渉のテクニックを生かす余地が生まれる。交渉の結果を評価する際，私たちは「留保価格」と呼ばれる基準を用いる傾向にある。留保価格とは，売り手であれば「販売できる限界となる最も安い価格」を，買い手であれば「商品に支払える限界となる最も高い価格」を意味する。両者の留保価格の間が交渉できる範囲であり，ZOPA（Zone Of Possible Agreement）と呼ばれている。

　交渉の結果について，まず気にするのが「自分の限界より，どれだけ高く販売できたか／安く購入できたか」である。例えば，ある商品を5000円で購入した2人の人がいた場合に，「5000円以上は支払えないと思っていた人」より，「1万円までは支払えると思っていた人」のほうが，「思ったより安く買えた」と感じ，交渉の結果に満足しやすい。これが，自分の留保価格を基準とする満足の判断となる。

　相手の留保価格も私たちの満足感に影響を与える。それは「交渉を通して，相手の限界ギリギリまで攻められたか」という判断である。例えば，ある案件に関する交渉の結果，1000万円規模の売上高を獲得できたとしよう。想定に見合う十分な金額であったため喜んでいたのもつかの間，「相手の予算には余裕があり，もっと高い金額を払う意思があった」という話を聞いたら，途端に不満や後悔を感じるだろう。このように，相手の限界となる留保価格も満足の判断に大きな影響を与えるのだ。

（宍戸拓人『あなたの職場に世界の経営学を』日経BP）

問1　下線部「そこ」が指す内容として最も適当なものはどれですか。　17

１．交渉においては，相手の評判を事前に知っておけば有利になれるということ
２．交渉においては，相手の意見を尊重することでいい結果を得られるということ
３．交渉結果に対する満足度は，売り手と買い手の留保価格にも左右されるということ
４．交渉結果に対する評価は，交渉に関わった当人とは無関係に決まるということ

問2　次のうち，最も満足感が高いと考えられるのはどれですか。　18

１．買い手の留保価格に近い価格で売った売り手
２．買い手の留保価格より大幅に安い価格で売った売り手
３．自分の留保価格に近い価格で買った買い手
４．自分の留保価格より大幅に安い価格で売った売り手

XV　次の文章を読んで後の問いに答えなさい。

　人間がはじめて泣く場面というと，生後すぐあげる産声^{うぶごえ}を思い浮かべる人が多いでしょう。でも，産声は確かに泣いているように聞こえますが，実はあのとき，涙は出ていないのです。…（略）…

　生後１年ほどすると，今度は本当に涙を流すようになります。これは，ストレスを伝えるための涙です。おなかがすいては泣き，おむつが濡れたといえば泣く。ことばが話せないものですから，そうやってストレスを表現するわけです。つまりは涙が非言語によるコミュニケーションの手段になっているのです。

　もう少し大きくなると，転んでは泣き，何かが欲しいといっては泣くようになります。こうした子どもの涙に対して，「転んで痛いから，反射的に涙が出てくるのだろう」と思うかもしれませんが，そうではありません。その証拠に，子どもは（　Ａ　）転んでもすぐには泣きませんし，母親や父親の姿を見つけたとたんに泣き出すということをするのです。…（略）…

　しかし，そうした幼い子どものストレスの涙も，成長するにつれて少なくなっていきます。というのも，ことばが使えるようになると，ストレスの内容をことばで表現するように学習させられるからです。

　たとえば，「泣いてばかりいないで，わけを話しなさい」「ことばでいいなさい」というように，周囲が言語的なコミュニケーションを求めるようになり，非言語的なコミュニケーションとしての涙の機能はなくなっていきます。そして，ことばで自分の気持ちや状態を周囲の人々に伝えられるよう，社会生活のなかで学習していくのです。

　　　　　　　　（有田秀穂『脳科学者が教える「ストレスフリー」な脳の習慣』青春出版社）

問1　（　A　）に入るものとして，最も適当なものはどれですか。　19

1．ことばを使えれば
2．理由がわからなければ
3．学習していなければ
4．誰もいないところでは

問2　この文章の内容と合っているものはどれですか。　20

1．成長と共に子どものコミュニケーションの手段は変化する。
2．幼い子どもはことばをストレスを伝える手段としてのみ使う。
3．ことばが使えるようになった子どもは泣く機能が衰える。
4．両親がストレスについて学習すれば子どもは泣かなくなる。

XVI　次の文章を読んで後の問いに答えなさい。

　学校では科学のことを「理科」と呼んでいるのですが，科学の基礎知識を学ぶ理科は，小中高においては必須の科目になっています。科学がもたらしてくれる恩恵を受け，さらに豊かに実らせるためには，誰もが科学の基礎知識を正しく持つ必要があると考えられてきたためです。科学は基礎的な知識の上に，さまざまな応用分野が幅広く展開していく学問ですから，しっかり基礎を学んでおく必要があります。直接役に立たないように見える基本的な知識であっても，おろそかにせず，身につけることが求められるのです。科学・技術文明の時代を生きるために，誰もが学校で理科を学ぶことが現代人の常識と言えるでしょう。

　それと同時に，心に留めておかねばならないことは，科学・技術が原因となった事故や事件が多く起こるようになり，必ずしも科学・技術が善とばかり言えない状況が生じていることです。つまり，科学・技術は万全ではなく，すべて良いことばかりをもたらしてくれているわけではないのです。とはいえ，私たちは科学・技術と無縁の生活を送ることができませんから，私たちは科学・技術のマイナスの面も含めて，その中身をよく知っておく必要があります。科学・技術は絶対的に正しいとか，科学・技術はまったく信用できないとかの極端な立場ではなく，良い面と悪い面をしっかりと区分けする目を持ち，良い面を伸ばし，悪い面を抑えていくようにする，そんな態度が求められているのです。つまり，科学・技術は万能ではなく，限界があることを知ることも，科学・技術を学ぶ重要な目標と言えるでしょう。

（池内了『なぜ科学を学ぶのか』筑摩書房）

問1　理科について，この文章の内容と合っているものはどれですか。　　 21

1．実生活の中ですぐに役立つ知識を重点的に学ぶ科目である。
2．理科を学校で学ぶかどうかは，自分で選ぶことができる。
3．科学の基本的な知識を身につけるために，学校で必ず教わる。
4．科学技術を発展させる際，理科の知識は必要ではない。

問2　この文章で筆者が最も言いたいことはどれですか。　　 22

1．科学・技術に頼らなくても生きていけるようになるべきだ。
2．科学・技術の利点と欠点の両方を把握しておくべきだ。
3．科学・技術はどんどん役に立たなくなってきている。
4．科学・技術がもたらす恩恵について学校で学ぶことが大切だ。

XVII　次の文章を読んで後の問いに答えなさい。

　ことばの基盤には，伝達のためのコードという性質がある。ここで言うコード（code）とは，ことばを使うときに必ず従わなければならない決まりのことだ。例えば，日本のモールス信号では「トン・ツー・ツー」なら「ヤ」で，「ツー・トン・トン・ツー」なら「マ」と決まっているが，この決まり，すなわちコードは，送り手と受け手が共通のものを使わなければ正しく伝達することができない。（　A　），個人の一存で変えることはできないのである。規範というと堅苦しさを感じるかもしれないが，ことばがことばである以上，共通性は必要であり，ことばの秩序を保つためにも規範を尊重するのが得策なのである。

　問題は，私たちが使うことばは，モールス信号のように単純で変化しない体系ではなく，もっと複雑で多層的であり，変化させようとするさまざまな力が常に作用していることである。近年，言語学でも言語に「複雑系」という考え方を適用した研究がなされているが，ことばはもともと複雑で複層的な体系をなしていて，単純で単層的なものではない。言語が複雑な体系をなすということは，言語の内部で原理や原則がぶつかりあい，ときに競合したり拮抗したりして不安定な様相を呈するということでもある。これは，見方を変えるなら，ことばとは，いわば雑多な決まりがなんとなく均衡をとっているに過ぎず，部分的に不整合や制御しきれないところが見られるものなので，その危うさが暴走しないように，ことばの秩序を保つ重しとしての規範が求められていると言ってもいい。

　もちろん全体が不整合や衝突で満ちているのであれば，とても実用には堪えない。あくまで問題が生じているのは一部であって，ほとんどは問題がない。また，その不整合や衝突は変化の一局面でいずれ安定した状態になるのかもしれないし，対立は表層的なもので言語の規則の本質から見ると問題のないものであることも多い。とはいえ，「ことばの決まり」の中には，数学的な公理とは違って，大まかな原則に過ぎないものや，細かな例外のあるものも少なくない。まったく例外のない確固たる規則と，緩やかな方向性とでも言うべきものがさまざまなレベルで混在しているのが，ことばの体系の実情である。

（加藤重広『日本人も悩む日本語』朝日新聞出版）

問1　筆者によれば，ことばがモールス信号と異なるのはどのような点ですか。　23

1．コードが変化しない点
2．コードが実際には使われていない点
3．コードの体系が複雑である点
4．コードがなくても伝達できる点

問2　（　Ａ　）に入るものとして，最も適当なものはどれですか。　24

1．つまり
2．むしろ
3．あるいは
4．なぜなら

問3　ことばの体系についての説明として，最も適当なものはどれですか。　25

1．原則と例外が同時に存在し，それらが完全に均衡した状態にある。
2．さまざまな規則が混在する複雑な状態から，単純な状態へと変わっていく。
3．例外が多いため，人が規則を整備し続けなければすぐに役に立たなくなる。
4．基本的には安定しているが，規則からはみ出すような要素も含んでいる。

正解と解説

第 1 回

記述 解答例　テーマ番号1

|5| |10| |15| |20|

　学校の宿題の是非については、近年さまざまな立場から議論されている。宿題のよい点としては、まず、家庭学習を習慣づけられることが挙げられる。毎日宿題が与えられることで、家庭での学習習慣が身に付きやすい。　100
また、学習の不足を補えるという利点もある。授業で理解しきれなかった内容や苦手な範囲の復習を家庭で行うことで、学校での授業についていきやすくなるだろう。

　一方で、問題となる点もいくつか考えられ　200
る。最も大きな問題としては、宿題の量が過剰な場合、子どもたちの健康を害するおそれがあることだ。たとえば、成長のために必要な睡眠や運動の時間が、大量の宿題を終わらせるために大幅に削られるかもしれない。ほ　300
かにも、宿題の管理により教員の負担が増えるといった問題もある。宿題の丸付けなどの業務がなければ、教員の負担を軽減することができる。教員の労働環境の改善は、教育の質を保つ意味でも重要だ。　400

　学校は、過剰にならないよう適正な分量を慎重に検討したうえで、宿題を出すのがいいだろう。

　　500

記述 解答例　テーマ番号2

|5| |10| |15| |20|

　動物をペットとして飼うことには、二つの利点が考えられる。一つ目は、ペットと暮らすことで幸福感を得られるなど、ストレス解消の効果があることだ。二つ目は、毎日決まった時間に散歩や餌やりなどの世話をすること　100
で、生活リズムが整うことだ。つまり、ペットを飼うことは心身の健康によいと言える。

　しかし、問題となる点もある。考えられるものを三つ挙げる。一つ目は、鳴き声などの騒音が近隣トラブルの原因となることだ。深　200
刻なケースでは裁判にまで発展することもある。二つ目は、ペットの健康管理に手間や費用がかかることだ。ペットが病気になれば、高額な医療費がかかることがあるし、ペットが高齢化すれば、介護が必要となることもあ　300
る。三つ目は、飼い主の高齢化によりペットを飼い続けられなくなる問題だ。飼い主が亡くなって行き場を失うペットも多いという。

　ペットを飼うことには大きなメリットがあるが、それと同時に、飼い主としての責任を果たすことが求められる。ペットは、安易な　400
気持ちで飼うのではなく、十分な準備を整えてから飼うべきだ。

　　500

採点基準　できていたら✓をつけよう！

テーマ番号1

□宿題があることの**よい点**を書いている。

□宿題があることの**問題となる点**を書いている。

□学校の宿題があることについて、**自分の考え**を書いている。

テーマ番号2

□ペットを飼うことの**よい点**を書いている。

□ペットを飼うことの**問題となる点**を書いている。

□ペットを飼うことについて、**自分の考え**を書いている。

POINT

・よい点と問題となる点は、一つの段落にまとめず、別の段落に分けると読みやすくなる。

・よい点や問題となる点を複数挙げるときは、「一つ目は…。二つ目は…。」のように書くと読みやすくなる。「1つ目」「ひとつめ」などと書いても問題ない。

読解 正解

問	解答番号	正解	問		解答番号	正解
I	1	②	XI	問1	11	④
II	2	④		問2	12	②
III	3	②	XII	問1	13	①
IV	4	②		問2	14	③
V	5	②	XIII	問1	15	④
VI	6	②		問2	16	③
VII	7	①	XIV	問1	17	②
VIII	8	④		問2	18	①
IX	9	②	XV	問1	19	①
X	10	③		問2	20	④
			XVI	問1	21	③
				問2	22	②
			XVII	問1	23	②
				問2	24	②
				問3	25	①

読解 解説

I

3行目に「旬のものは供給量が大きく**値段が下がりやすい**という特徴があります」、5行目に「旬のものは栄養価に富み、なにより**美味しい可能性が高い**」とあるので、正解は2。

II

「●注意事項」の2つ目の項目に「受診予約前に必ずWeb問診を済ませてください。**Web問診をせずに予約をした場合、予約は無効になります**」とあるので、正解は4。

〈 誤答解説 〉

1．最後に「※血液検査は、空腹状態で行う必要があるため、午前に受診の方は朝食を抜き、**午後受診の方は朝食を午前7時までに済ませ**……」とあるため、全員が朝から食事をしてはいけないわけではない。

3．「●注意事項」の最後の項目に「**他の医療機関にて健康診断を受診し、健康診断証明書を作成する場合の費用は自己負担**（＝受診者が自分で払う）となります」とある。学校が提携する病院なら無料になるとは書かれていない。

III

2段落4行目に「**マイカー利用者が増えれば、中心市街地の商店街への人出は減り、郊外の駐車場が完備された大型ショッピングセンターのほうに人は流れる**」とあるため、正解は2。

◆マイカー（2段落2行目）：自家用車。「my car」から生まれた和製英語。

◆シャッター街（下から2行目）：シャッター（shutter）を下ろした店ばかりが並ぶ、衰退した商店街のこと。「シャッター通り」ともいう。

IV

最終段落に「**ひとりひとりがその器に合わせて、それぞれ違うことを学び取ってゆくこと。それが学びの創造性、学びの主体性ということです**」とあるため、正解は2。

V

2段落4行目に「**昼と夜の気温差がいつもより1℃大きくなった**」とあるため、正解は2。

VI

1段落目で読書とスポーツの1つ目の共通点が、3・4段落で2つ目の共通点が述べられている。

1段落1行目に「**本は『〜しながら読む』ことができません**」とある。また3段落目に、「**始めた頃はもたもたします**」「**何回も何回もボールを蹴って、コツを身につけます。読書もそれと同じ**」とある。以上から正解は2。

VII

まず、2段落目に「**全体がひとつのつながったものとして見える……こういう対象を称して『系』とかあるいは『システム』と言います**」とある。

また、4段落目に「近代科学というのは『二元論』と『要素還元主義』という方法論で、自然という対象を理解しています」「**要素還元主義というのは対象をどんどん細かくして見てゆく**ということです」とある。

以上から、近代科学の方法論（＝要素還元主義）は、全体をひとつのものとして見る「システム」とは相いれないことがわかるため、正解は1。

VIII

最終段落1行目に「若者たちが，擬音語・擬態語を多用するのは，**自分たちの気持ちを，理性的にではなく，感覚的に伝えたい**ということです」とあるため，正解は4。

IX

最終段落に「**人物を撮影した写真が商業的な目的，商品広告や宣伝，パッケージや観光宣伝などに使われるときは，前者（＝プライバシーの権利）以上に厳しい制約がある**」とあるため，正解は2。

X

4行目に「**教養とは，自分が取り組んでいる学問が，学問全体のコンステレーションの中でどこを占めているのかをわかっていることだ**」とあるため，正解は3。

XI

問1 3行目に「自分で考えるのはめんどくさい……という人は，とりあえず（防災グッズの）市販品を購入することを勧めます。そして，その内容を調べ，**自分に必要なもの，不要なもの，家族にとって必要な物を入れ替えていったらどうでしょうか**」とあるため，正解は4。

問2 2段落1行目に「**防災グッズの内容は時間の経過によっても変わる**」とあるので，正解は2。

XII

問1 （　A　）の前後のつながりに着目する。（　A　）の後にある「郵便局を『〒』で表すのは日本だけで，外国では別の記号が使われています」は，前にある「**言葉や図形などの記号とその指示物との関係には，必然的なつながりがない**」を具体的に言い換えたものなので，1の「たとえば」が入る。

問2 下から3行目に「**指示物がかなり抽象化されているため，地図記号の意味を記した凡例がないと理解するのは難しいかもしれません**」とあるので，正解は3。
また，2段落1行目に「**地図記号の中にはひと目で指示物が連想できるものとそうでないものがあります**」とある。「ひと目で指示物が連想でき

るもの」は「多弁な記号」，「そうでない（＝指示物を連想しづらい）もの」は「寡黙な記号」を指すので，ここからも正解を判断できる。

XIII

問1 下線部(1)の後にある「ポテトチップスとお茶は食品だが，洗剤は食品ではなく，摂取すると危険な場合がある。それら（＝食品と洗剤）を同じレジ袋に入れてもよいか，それとも別にするか」を正しく言い換えている4が正解。

問2 下線部(2)の直前の文に「**記号的なものも物理的なものもひっくるめてさまざまな手段を同時並行で使いながら，……問いかけているのです**」とある。ここでの「記号的なもの」は「言葉」を指し，「物理的なもの」は「動作」「視線」「表情」などを指す。したがって3が正解。

XIV

問1 下線部を含む文とその次の文に「**現在の多くの治療は健康を取り戻すことが第一義であり，楽しさは脇に置かれている。健康を取り戻せる限りはその過程がつらく，つまらないものでも仕方ない**とされている」とあるため，正解は2。

◆脇に置く（2段落3行目）：話題にしないようにする。横に置く。

問2 下から4行目以降に「**精神や心を治療する上で楽しくない方法を取ることは望ましくない。……楽しくないとコンプライアンスを保つのが難しいのだ**」などとあるため，正解は1。

XV

問1 下線部の直前の1文に「**魚はほかの魚や哺乳類などから食べられないように，コンブ群落を隠れ家としても使うのです**」とあるため，正解は1。

〈誤答解説〉

3．3段落を読むと，**ウニが増えたことでコンブが減った**とわかる。したがって「コンブが減ったことでウニが増え」は因果関係が逆。

問2 3段落目に「**ラッコを駆除したら，ウニが増え，そのウニがコンブを食べてしまったのです。**

……ラッコの駆除がコンブ群落を減らし，それが魚を獲れなくしたのです」とある。

つまり，ラッコが減る→ウニが増える→コンブが減る→魚が減る，という流れになる。よって正解は4。

✦なぞなぞ（3行目）：言葉に他の意味を持たせた問題を出し，相手に答えさせる遊び。言葉遊び。
　例：問題「食べられないパンは？」
　　　答え「フライパン」

XVI
問1　3行目に「政治家は，不断に有権者の意見を聞いて，……政治過程に反映していかなければなりません」とあるため，正解は3。

問2　まず，選挙運動については，6行目に「有権者は，……必要な情報と資料を十分に提供されなければなりません。そうした**情報と資料提供の機会が，選挙運動です**」とある。

また，2段落目1行目に「選挙運動においては，……**有権者が候補者に，さらに他の国民に，積極的に働きかけることが重要です**」とある。

以上から，正解は2。

〈 誤答解説 〉
1．最終段落1行目に「**特定の公務員や公民権停止中の者など一定の者を除きます**」とあることから，選挙運動は「誰でも行うことができる」わけではない。

XVII
問1　（　A　）の前の「光は，美術品にダメージを与える元凶の一つでもある」と，後の「最近はガラス張りの光をふんだんに採り入れた建築物が人気です」は相反する内容になっているため，逆接である2の「ところが」が入る。

問2　下線部の前に「美術館というのは，……ある程度**長期的に保存される施設として，非常にチャレンジしがいのある対象です。美術館設計はクリエイティブな面においても創作力を刺激される**」とあるため，正解は2。

✦クリエイティブ（下から2段落4行目）：
　creative　創造力のある。独創的な。

問3　最終段落に「建築家と施工主である美術館側には摩擦が生まれます。美術館側，とくに学芸員側にとっては，作品の保存は常に最優先課題ですから，採光を念頭にそこから発想すれば，**ある程度閉ざされた空間演出を望みます。一方の建築家にとっては，逆に採光が空間デザインの最優先事項だったりする**」とあるため，正解は1。

第 2 回

記述 解答例 テーマ番号1

	5		10		15		20

　トラックの運転手が不足している原因とし
ては、まず、インターネットを通じて買い物
をする人が増えたことが挙げられます。ネッ
トショッピングでは、商品を購入者の家や職
場まで配達することになるので、多くの運転　100
手が必要になります。

　また別の原因として、運転手の労働環境に
対する悪いイメージが広まってしまっている
ことも考えられます。実際、運転手の長時間
労働に関するニュースを見ることがときどき　200
ありますが、こうしたニュースを見てトラッ
ク運転手になることをやめる人もいると思い
ます。

　つまり、運転手の需要が増えているのに、
供給が減っているため、運転手が不足する地　300
域が増えているのでしょう。

　では、この問題に対してどうすればよいの
かというと、運転手の労働環境の改善が解決
策の一つになると思います。例えば、給料を
増やす、残業を減らす、女性や高齢者も働き　400
やすい環境を整える、といった対応が効果的
でしょう。また、ＡＩを利用するなどして、
荷物を配達するのに最適な道を選び、多くの
荷物をまとめて運ぶことも、運転手不足の解
消のために重要だと考えます。　500

記述 解答例 テーマ番号2

	5		10		15		20

　観光地に観光客が集中しすぎることによっ
て、さまざまな問題が起こっている。例えば、
電車やバスが非常に混雑したり、地域住民が
騒音に悩まされたりするといった問題だ。

　こうした観光公害が起こる背景には、まず、100
旅行者数の増加が挙げられるだろう。格安航
空券や安価な宿の登場・増加によって、旅行
をする人が増えたと考えられる。また、ＳＮ
Ｓの普及によって、それまで有名でなかった
土地の魅力を発信する個人が増えた。それを　200
見た人たちが大量に押し寄せたために、観光
公害が起こっているという土地もあるだろう。

　観光公害への対処としては、まず、観光客
の分散が考えられる。例えば、春にやって来
る観光客が特に多いのであれば、それ以外の　300
季節の魅力を宣伝する。また、中心市街地に
ばかり観光客が集中するのであれば、郊外の
観光スポットを紹介する。こうした対応によ
って、観光客を広く薄く分布させることがで
きるかもしれない。さらに、観光客の迷惑行　400
為を減らすために、「ごみを捨てない」「騒
がない」と書いた看板を増やすなどの対応も
考えられるだろう。そうした看板は多言語で
表記し、なるべく多くの人に読んでもらえる
ようにすべきだ。　500

採点基準 できていたら✓をつけよう！

テーマ番号1

☐ トラックの運転手が不足している**原因や理由**
　を書いている。

☐ トラックの運転手が不足している問題に対す
　る**解決策や対処法**を書いている。

テーマ番号2

☐ 観光公害が起こっている**原因や理由**を書いて
　いる。

☐ 観光公害に対する**解決策や対処法**を書いてい
　る。

POINT

・原因や理由を書く段落と、解決策や対処法を書く段落は分けるとよい。

・自分の考えや推測を書く際は、「…と思う」「…と考える」「…だろう」「…かもしれない」な
　どと書くことで、事実と区別するとよい。

読解 正解

問	解答番号	正解	問		解答番号	正解
I	1	①	XI	問1	11	②
II	2	②		問2	12	④
III	3	①	XII	問1	13	③
IV	4	③		問2	14	②
V	5	③	XIII	問1	15	④
VI	6	③		問2	16	①
VII	7	①	XIV	問1	17	③
VIII	8	①		問2	18	④
IX	9	③	XV	問1	19	①
X	10	④		問2	20	②
			XVI	問1	21	③
				問2	22	④
			XVII	問1	23	①
				問2	24	④
				問3	25	③

読解 解説

I

2行目に「関西弁は，表現に**まろやかさを与え**てくれるし，東京近県の方言は，響きが田舎くさく，それが受けて**笑いに連なります**」とあるため，正解は1。

また，2段落目に「若者の間では，方言は悪いという風潮は姿を消して，それを**ユーモアや温かさ**を出すために適宜使っていることが分かります」とあり，ここからも正解を判断できる。

II

最終行に「※雑誌や貴重資料等は借用できません。**コピーの取り寄せをご利用ください**」とあるため，雑誌や貴重図書のコピーを他大学から取り寄せられるとわかる。よって正解は2。

〈 誤答解説 〉

1．「●利用に関して」の最後の項目に「コピー・図書が到着した際には**メールにて連絡を行います**」とあるため，電話での連絡はされない。

3．「●利用に関して」の2つ目の項目に「**図書館ホームページの申請フォーム**，または附属図書館1階カウンターでお申し込みください」とあ

るため，附属図書館に出向かなくても申し込める。

4．「●現物の借用」の1つ目の項目に「**料金：約1200円～（資料のサイズ・重量と郵送距離によって異なります）**」とあるため，支払額は1200円と決まっているわけではない。

III

3行目に「**それぞれの寿司がもつ味や香りが楽**しまれる」とあるため，正解は1。

IV

最終段落に「**平成期に入る頃には……仕事の継承・改変がそれぞれの家族や地域の中でほぼ行えなくなっていった**のであり，そのことによって家の継承が見送られ，**地域のもつ固有の意味も次第に失われていった**」とあるため，正解は3。

V

6行目に「展覧会時の作業は別です。非常に短期間の間に**予期せぬトラブルに対処していかなければならない**。さらには，初対面のスタッフと共同で効率よく作業を進める必要もあります」とあるため，正解は3。

VI

2段落目最終文に「**文章が上手になりたければ，よいお手本をまねる**にかぎる」とある。

また，最終段落1文目に「何がよいお手本かといわれると答えにくいが，たとえば**自分が読んでよくわかったと思うテキスト**には，そう思わせるだけの理由があるはずだから，少なくとも**候補の1つにはなる**だろう」とあることから，「わかりやすい文章を手本としてまねるとよい」といえる。よって正解は3。

VII

1段落2行目に「人材育成の責任についても人事部門にあるかのように考えられてきたようですが……**部門長が，採用から退職に至る人権を全般的に持つべきだと思います**」とあるため，正解は1。

VIII

2段落1行目に「**インフルエンザが治ったことを『証明』することなんてできません**」とあるため，

正解は1。

IX
　1行目「人間の外部に**明確な基準（になるもの）があれば，身体能力を測ることができる**」，4行目「**身体能力そのものの総合的な力ということになると，比べるべき明確な指標もないし，漠然としかわからない**」とあるため，正解は3。

X
　下から2段落目に「**（心の傷から）早く立ち直れる人もいれば，繊細ゆえに，少し時間のかかる人もいる**」とあるため，正解は4。

XI
問1　（　A　）を含む文は，直前の1文「牧畜，農耕，稲作，狩猟・採集，漁撈など，**それぞれの労働はまったく異なる運動形態をもっている**」の言い換えになっている。したがって，「運動形態」の言い換えになっている2が正解。

問2　下から4行目以降に「**身体的な特徴は，専門種目の運動形態にしたがって，選手の身体に刻みつけられた競技生活の痕跡**でもある。それはスポーツを専門とする大学生のレベルでも，**体型を見ればどの種目が専門であるのかが，だいたいわかるくらい明白なものである**」とあるため，正解は4。

XII
問1　2段落目に「ゴムはどうやら製品化されてはじめて品質がわかるというんですね。だから，**変な品物をつかまされてしまうと，すごく大損してしまう**」とあることから，下線部「ほんとうに安心して取引のできる相手」＝「変な品物」（質の悪いゴム）を売ってこない相手，であるとわかる。よって正解は3。

問2　下から2段落目に「**（取引を）打ち切られた相手は，長い固定的な関係の中で取引していますから，現在の相手との取引を打ち切られると，もう行き場がない**」とあるため，正解は2。
　「行き場がない」というのは，ここでは「他に取引する相手がいない」という意味。

XIII
問1　3行目に「**思い出して役立つ確率がもっとも高いものが古典である**」とあるため，正解は4。

問2　「味読熟読」については最終段落で説明されており，「読み方を競う」ような読み方，つまり時間をかけてじっくり読むことを指す。また「多読乱読」については3段落目で説明されており，「できるだけ多くの本をできるだけ速く読むこと」を指す。
　最終段落3行目以降に「**多読乱読を経過しない味読熟読は意味がない。領域を限ることは解釈の方法を限ることなのだ。……一冊の小説は，歴史学の対象にも，心理学の対象にも，社会学の対象にも，経済学の対象にもなる**」とある。ここから，味読熟読の前に多読乱読を経験すれば，一冊の小説に対してさまざまな解釈の方法を持てるようになる，と筆者が考えていることがわかる。よって正解は1。

XIV
問1　1段落目に「**物語療法は，物語の力を利用し，患者が治療者との対話によって自分の物語を書き直す**」「**会話を通じて新しい物語＝意味を発生させることが目標である**」とあるため，正解は3。

問2　まず，3段落2行目に「**私たちは自分に問題があって不幸が生じたと解釈する……ことがある。こうした思い込みは，私たちを支配する『歪んだ』物語である**」とある。つまり私たちは，「自分に問題があった」という不正確な思い込みを持つことがある。
　そして4段落目に，「**物語療法において，セラピストはまず，患者を支配する歪んだ物語（＝不正確な思い込み）を特定するために話し合う。なぜならほとんどの場合，私たち自身はそうした物語を自覚していないからだ**」「**セラピストと一緒に歪みを特定できた時，私たちはその物語を客観的に把握した観測者となれる**」とある。以上から，正解は4。

XV
問1　4段落2行目「**『悲しみ』や『怒り』といった言葉を手がかりにして，はじめて胸の奥にわきあがる『なにか』に意味を与えることができている**」

に着目する。これはつまり，感情を表す言葉を知ることでその感情を感じられるようになる，ということである。

（　A　）の直前に「言葉を知り，その『感じ』がぼんやりとでもわかると」とあるので，（　A　）には「感情を感じられるようになる」のような意味の言葉が入ると推測できる。よって正解は1。

問2　下線部「なにか」は，4段落や6段落にも登場する。

4段落を見ると「『悲しみ』や『怒り』といった**言葉を手がかりにして，はじめて胸の奥にわきあがる『なにか』に意味を与えることができている**」とあるので，「なにか」とは，「悲しみ」や「怒り」といった言葉で呼ばれる前の感情であるといえる。よって正解は2。

XVI
問1　下線部の後に「**強風が海水をかき回して，海面下の冷たい水をひっぱり上げる**」「**台風10号**が……予想より弱まった理由の一つは，幸いにも数日前に同じ海域を通った9号が**海面水温を下げた**ことにある」とあることから，「ハリケーンや台風」が海面水温を下げることで，後から来る台風の勢いが弱まるとわかる。よって正解は3。

問2　2段落1〜3行目で「成層化」についての説明がされており，それは「**軽い液体が上層に，重い液体が下層に留まる状態**」とある。

そして2段落5行目に「**温暖化の影響で**……以前よりも**表層の水が軽くなり，層がくっきり分かれている**」とあるので，温暖化によって「成層化」が進行しているとわかる。したがって正解は4。

XVII
問1　3段落目に「費用が収入より低くないといけないわけですが，それは結局，**労働者の賃金がその生産性よりうんと低ければいいわけです**」とあるため，正解は1。

問2　（　A　）の前にある「安い賃金でも働きたい労働者が，農村から都市にどんどん流れこむかぎり，産業資本主義は，成り立っていた」と，後にある「先進資本主義国の中では，産業資本主義の拡大がいつしか，**過剰人口の産業予備軍を使い**

きってしまった」との関係を考える。前の内容とは反対の内容が後で述べられているので，（　A　）には4の逆接の接続詞「しかし」が入る。

問3　下線部(2)の直後に「そういうことです」とあるが，これは「われわれの生きている**ポスト産業資本主義社会の特徴**」（最終段落1文目）のために，われわれは「何かに追いたてられるように忙しくなっている」，ということである。

では，「ポスト産業資本主義社会の特徴」とはどのようなものかというと，下から5段目以降に書かれている。下から3段落目「いろんなかたちでほかの企業とは『**違ったこと**』をやることで，それによって利益を生み出す」，下から2段落目「常に違っているためには，**新しい技術や新しい製品を作ったり，新しい市場を開拓したり，新しい経営方法を発明したり，そういう新しいものが，必要になる**」などの内容と合うのは3である。

◆ポスト〜（下から4段落目）：〜以後。〜のあと。「ポストモダン（post-modern）」「ポスト構造主義」などと使う。

第 3 回

記述 解答例　テーマ番号１

|□|□|□|□|5|□|□|□|□|10|□|□|□|□|15|□|□|□|□|20|

　一戸建ての家のよい点は、まず、音による
トラブルが少ない点だ。集合住宅では、すぐ
隣の部屋に人が住んでいるため、他人の生活
音が気になることがあるし、自分が立てる音
に気を遣う必要もある。一方、一戸建ての家　100
ではそのような心配はない。また、一戸建て
の家には庭がついていることが多いが、庭が
あれば家庭菜園やガーデニングを楽しむこと
ができる。これも一戸建てのよい点だろう。

　次に、集合住宅のよい点を挙げる。まず、　200
集合住宅であれば、廊下などの共用部分を自
分で管理する必要がない。一方、一戸建てで
あれば、敷地内の掃除や管理は住人が行わな
ければならない。また集合住宅には、オート
ロック機能や防犯カメラなどがついているこ　300
とが多く、一戸建てに比べて防犯面で優れて
いる住まいが多い。

　住む建物は、自分が何を優先したいのかに
応じて決めるのがよいだろう。私の場合は、
安全性を優先したいため、防犯がしっかりし　400
ている集合住宅に住みたいと思う。

500

記述 解答例　テーマ番号２

|□|□|□|□|5|□|□|□|□|10|□|□|□|□|15|□|□|□|□|20|

　少数の人で決める場合のよい点は、大きく
二つ考えられます。一つ目は、決定までに時
間がかからないことです。災害時など、すぐ
に結論を出す必要がある場合は、大勢で議論
するのではなく少数の人で決定するのが望ま　100
しいでしょう。二つ目は、優れた判断力をも
つ人が決める場合、大勢で話し合うよりも優
れた結論を出せる可能性が高い点です。

　これに対して、多くの人で話し合って決め
ることのよい点も二つ考えられます。一つ目　200
は、少数派の意見が拾われやすくなる点です。
少人数での話し合いでは出なかった意見や考
え方が、大勢での話し合いでは出るかもしれ
ません。二つ目は、結論に対して人々が満足
しやすい点です。自分がいないところで決め　300
られた内容よりも、自分が参加した話し合い
で出された結論のほうが、人は納得しやすい
と思います。

　私は、物事を決める際には、なるべく多く
の人から意見を聞いたうえで、少数の人間で　400
決定するのがよいと考えます。参考にする情
報は多いほどよいですが、あまりたくさんの
人で話し合って結論を出そうとすると、時間
がかかり過ぎるからです。

500

採点基準　できていたら✓をつけよう！

テーマ番号１
□**一戸建てのよい点**を書いている。
□**集合住宅のよい点**を書いている。
□住む建物の選び方について，**自分の考え**を書いている。

テーマ番号２
□**少数の人で決める場合のよい点**を書いている。
□**多くの人で決める場合のよい点**を書いている。
□物事の決め方について，**自分の考え**を書いている。

POINT

・１段落目で一方のよい点，２段落目でもう一方のよい点，３段落目で自分の考えを書くと，
　読みやすくなる。ただし，最初に自分の考えを書いてもよい。

読解 正解

問	解答番号	正解	問		解答番号	正解
I	1	①	XI	問1	11	④
II	2	④		問2	12	①
III	3	①	XII	問1	13	④
IV	4	②		問2	14	②
V	5	③	XIII	問1	15	④
VI	6	④		問2	16	①
VII	7	④	XIV	問1	17	②
VIII	8	④		問2	18	②
IX	9	④	XV	問1	19	③
X	10	①		問2	20	④
			XVI	問1	21	①
				問2	22	②
			XVII	問1	23	④
				問2	24	①
				問3	25	④

読解 解説

I

1段落最終文に「(「不登校」という言葉によって)『本当は登校しなくてはいけないのに私は登校していないから，ダメな子なのかな』などと認識して，自分はダメな人間だと思い込んでしまう子どもも多いのではないでしょうか」とあるため，正解は1。

II

まず「復学」については，「3．復学」に「休学期間の満了によって再び就学すること」とある。そして，「2．休学」「◆休学の期間」の3番目の項目に，「休学の終期は学期末または学年末とします」とある。以上から正解は4。

〈 誤答解説 〉

1．「1．修業年限と在学年限」の最終行に「本学の修業年限は4年間，在学年限は8年間です」とある。また，「2．休学」「◆休学の期間」の最後の項目に「休学期間は，在学年限には算入されません」とある。したがって，1年間休学しても，在学年限は8年間のままである。(休学期間1年間＋在学年限8年間で，学籍を持て

る期間は9年間となる。)

2．「4．退学」「◆退学の時期」の1つ目の項目に「退学の時期は，退学の願い出が承認された会議日あるいは学期末となります」とあるので，学期末以外でも退学できる。

3．「2．休学」「◆休学の期間」の2つ目の項目に「通算して4年間を限度とします」とはあるが，病気が理由である場合についての記述はない。

III

2段落1行目「うつの人は問題解決能力が低いといわれる。その理由は，記憶の抑圧にある」，3段落1行目「問題解決能力は，過去のエピソードをどれだけ活用できるかにかかっている」などとあるため，1が正解。

IV

最終文に「2種類の葛藤は別のものなのだということを理解する必要があります」とあることに注目。「2種類の葛藤」とは，「意見の相違」である「課題葛藤」と，「好き嫌いなどの仲違い」である「関係葛藤」を指す(3〜6行目)。つまり筆者は，意見の違いと相手との仲のよさは別物として考えるのがよいと言っているのである。よって正解は2。

V

最終段落を見ると，市販されたクスリで問題や副作用が見つかった場合，「製薬会社の担当者は医療現場からクスリの情報を収集し，的確に対処し，医療現場に再び知らせます」(最終段落4行目)とある。そして「このような現場と企業の努力が，クスリの有効性や安全性を高めていく」(最終文)のである。よって正解は3。

VI

2段落目によれば，70から80社の取引先すべてが商品を運んでくると「コンビニの店員は約30分おきにその対応に追われる」ことになるので，「複数の取引先の商品」を「1台のトラック」にまとめることにした。これが共同配送である。

最終文に，「これ(＝共同配送)により，あるコンビニチェーンは店舗へのトラックを8台(10分の1)にまで減らすことに成功しています」とある。よって正解は4。

1．共同配送では「複数の取引先の商品を…１台のトラックにまとめて積載」（２段落４行目）しているので，配送するトラックは減ったが，運ぶ商品＝陳列する品目が減ったわけではない。

VII

２段落３行目に「**クルミが食べ物であることを知りえたのは，人が割って食べているのを盗み見**したか，仲間のカラスの行動を真似たものであろう」とある。人の行動を見たり，カラスの行動を真似したりする「旺盛な好奇心」によって，クルミが食べ物であることがわかったのである。よって正解は４。

VIII

２段落２文目に「自分なりの経験であるという点で，確かな一つの事実ではあるのですが，**意見としての一般化を考える場合，たった一つの経験でしかないという限界はあるのです**」とあるため，正解は４。

IX

６行目に「政治にかかわるさまざまな問題に『わからない』と答える割合が若者層により多く見られる傾向があるのは，**政治ニュースが若者層のインターネットの画面上で得る情報から排除されている**ことにも要因がある」とある。テレビや新聞などの既存のメディアと違い，インターネットは利用者のニーズ（＝要求）に合った情報を優先して提供するため，インターネットから情報を得る若者は政治について知る機会が少なくなる，と筆者は述べている。よって正解は４。

X

下線部を含む１文は「**それによって，……持続可能な都市圏形成への道が開けてくる**」となっているので，「それ」の指示内容が答えとなる。

下から４行目に「交通システムの整備・運営にあたっては，**個々人の自由な生き方を支援する，あるいは，一人ひとりの生活の質の向上に資する，**という発想が必要になる」とあるので，これを言い換えた１が正解。

XI

問１　３段落３行目に「子どもが，**友だちや親以外のおとながたくさんいる外の世界でも過ごせるようになれば，この移行対象は役目を終える**ことが多い」とあるため，正解は４。

〈 誤答解説 〉

2．３段落１文目「この幼児期の移行対象は……外の世界に出て行く子どもを勇気づけ，慰めるもの」などとあることから，移行対象はむしろ**「外の世界に出て行き始めたとき」に必要とされる**ものである。

問２　最終段落１文目に「いったん移行対象……が必要なくなったからといっても，人はその後も折にふれて，それがあったことを思い出したり，ときにはもっと積極的にその存在を必要としたりすることがある」とあるため，正解は１。

〈 誤答解説 〉

3．２段落１行目「自分と母親だけの閉じた関係，内的な世界から，第三者がいる外的世界へ出て行く途中の中間領域」，３段落３行目「友だちや親以外のおとながたくさんいる外の世界」とあることから，中間領域とは「自分と母親だけの世界」から「親以外の他者がいる世界」へと移る途中の領域であるとわかる。中間領域が「知り合いの人間と自分しか存在しない空間」であるとは述べられていない。

XII

問１　下線部を含む文とその前の文を見ると，「**途中の理屈，筋道をおろそかにしてしまうわけです。**しかし，それは科学を**魔法**のように伝えているだけです」とある。ここから，結果に至るまでの理屈がわからないものを「魔法」と表現しているとわかる。よって正解は４。

問２　最終文に「科学には筋道があり理屈があり整合性があるのだということを伝える努力を続けるしかないのだと思います」とあるため，正解は２。

XIII

問１　「（　Ａ　）が大事にされ，しかしそれでいて孤立はせず，個人同士がゆるやかにつながるよ

うなコミュニティ」とあるが，これは直前の１文にある，「大都市圏」と「地方」それぞれの「デメリットをうまく消しあえるようなコミュニティ」の言い換えである。「デメリットを消しあえる」というのは，「双方のメリットだけが残る」ということだ。

１行目に「**集団ではなく個人が尊重されるが，つながりがなく孤立しやすい大都市圏**」「**地域の結束はあるが，個人ではなく集団の論理が優先されがちな地方**」とあり，「大都市圏」・「地方」それぞれのメリットとデメリットが書かれている。

（　Ａ　）の後には「孤立はせず…」と「地域」のメリットがすでに書かれているので，「（　Ａ　）**が大事にされ**」は「大都市圏」のメリットであると考えられる。よって４が正解。

問２　２段落１行目「**そういう（＝大都市圏と地方両方のメリットを持つ）コミュニティなら地方に続々と生まれている**と感じている。鍵は，**地方へのＵ・Ｉターン者だ**」，３段落１行目「**Ｕ・Ｉターンしてきた若い世代が，田舎のまちにスタイリッシュなカフェスペースを開いたり，よそ者たちが集まれるイベントを企画したりする……。そこには，地元の人も，よそから移住してきた人も集まる**」などとある。よって１が正解。

〈 誤答解説 〉
２．Ｕ・Ｉターン者が行っているさまざまな活動は，「地域の都市化を推進」するためのものではない。

◆風を吹き込む（最終行）：今までにない新しいやり方や考え方を持ち込むこと。新風を吹き込む。

XIV
問１　下線部の前に「ナンバー１しか生きられない」とあるため，正解は２。

問２　下から３段落目の「**どうして，この実験では二種類のゾウリムシが共存しえたのだろうか**」という問いに対して，次の段落で「**ゾウリムシとミドリゾウリムシは，棲む場所と餌が異なるのである**」と答えている。よって正解は２。

XV
問１　４段落２行目に「**お互いが情に満ちた贈与／共感の関係にあることを，そのつど確認する作業をしている**」とあるため，正解は３。

問２　下から２段落目で日本での食事について書かれており，その中の３行目に「**関係が過剰になることが忌避されている**」とある。よって正解は４。

XVI
問１　１段落７行目「**かつて学校は『人間として成長する』に重点があり，そのなかに『知識を学ぶ』が大切なものとして含まれていた**」，２段落１行目「**『人間として成長する』は子どもが何度も変革されていくことが想定されている**」などとあるため，正解は１。

問２　９行目に「**だんだんと個人と経済の時代になり，（学校は）『知識を学ぶ』に重心が移っていったようだ**」とあるため，正解は２。

XVII
問１　６段落最終文に「**実験の結果から，悲しいときに見える色はグレーがかり，鮮やかさが低下する**ということが判明した」とあるため，正解は４。

問２　（　Ａ　）の前にある「**実験の結果から，悲しいときに見える色はグレーがかり，鮮やかさが低下する**ということが判明したのです」と，後にある「**悲しみを抱えて見る世界は，実際にトーンダウンしてくすんで見える**ということになります」は言い換えの関係にある。したがって（　Ａ　）には１の「つまり」が入る。

問３　下から２段落目「**感情によるホルモン物質の分泌に影響を受けて，脳に届く色が変わって見える**」，最終文「**根本的に色は，脳で作られる『知覚像』である**」などとあるため，正解は４。

第 4 回

記述 解答例　テーマ番号 1

| | 5 | | 10 | | 15 | | 20 |

　テレビよりもインターネットの利用時間の
ほうが長い人が増えている理由としては、ま
ずスマートフォンの普及が挙げられるだろう。
テレビは基本的に自宅でのみ視聴するが、ス
マートフォンがあれば、通勤・通学の時間や　100
外出中のちょっとした空き時間にもインター
ネットを利用することができる。

　他の理由として、動画配信サイトや、イン
ターネット上で人と交流できるSNSの普及
も考えられる。今はニュースも、テレビでは　200
なく、動画サイトで見ることができる。また、
テレビを見るよりも、SNSを通じて友人や
見ず知らずの人と交流する方が楽しい、と考
える人も増えていると感じる。

　若者、特にデジタルネイティブ世代は、イ　300
ンターネットから情報を得ることに慣れきっ
ている。こうした人たちは、そもそもテレビ
を持っていないことも多く、今後インターネ
ットよりテレビのほうを多く利用するように
なるとはあまり考えられない。今後は、若者　400
を中心にテレビを見る時間がますます少なく
なり、インターネットを使う時間がますます
増えていくだろう。

500

記述 解答例　テーマ番号 2

| | 5 | | 10 | | 15 | | 20 |

　近年、電気自動車に乗る人が増えているが、
その主な理由は三つ考えられる。一つ目は、
環境問題への意識の高まりである。電気自動
車は二酸化炭素を排出しないので、環境に優
しい。二つ目は、費用面である。国によって　100
は、電気自動車を購入したら補助金が出たり
税金が免除されたりする。三つ目は、非常時
に電気を利用できることである。電気自動車
は中に大量の電力を蓄えられるため、停電な
どの非常時に活用できる。　　　　　　　　　200

　今後、電気自動車に乗る人は増加し続けて
いくと考える。なぜなら、環境に優しいもの
を選ぶという消費者の傾向は、今後も続いて
いくと考えられるからだ。また、技術の進歩
によって、電気自動車の価格が安くなったり　300
機能が向上したりしていくだろう。そうなれ
ば、環境問題にあまり関心のない人でも、電
気自動車を選ぶようになるかもしれない。

　ただ、電気自動車が普及するスピードは、
国によって大きく異なるのではないか。例え　400
ば、電気自動車の開発者や購入者に対して巨
額の補助金を出す国であれば普及は早いであ
ろうし、そうでない国であれば普及はなかな
か進まないだろう。

500

採点基準　できていたら✓をつけよう！

テーマ番号 1

□テレビよりもインターネットの利用時間のほ
　うが長い人が増えている**理由**を書いている。

□インターネットの利用について，**今後どうな
　ると思うか**を書いている。

テーマ番号 2

□電気自動車に乗る人が増えている**理由**を書い
　ている。

□電気自動車について，**今後どうなると思うか**
　を書いている。

POINT

・「インターネットの利用時間のほうが長い人が増えている」ことや，「電気自動車に乗る人が
　増えている」ことは，悪い事柄（問題）ではないので，「原因」ではなく「理由」を使う。
　例：「電気自動車に乗る人が増えている<u>理由</u>は…」←「原因」とは書かない。

問	解答番号	正解	問		解答番号	正解
I	1	②	XI	問1	11	③
II	2	③		問2	12	④
III	3	①	XII	問1	13	②
IV	4	③		問2	14	③
V	5	②	XIII	問1	15	③
VI	6	③		問2	16	①
VII	7	③	XIV	問1	17	②
VIII	8	②		問2	18	④
IX	9	①	XV	問1	19	②
X	10	③		問2	20	①
			XVI	問1	21	③
				問2	22	①
			XVII	問1	23	④
				問2	24	④
				問3	25	②

読解 解説

I

5行目「どんな気候が正しくてどんな気候が間違っているかのような『規範』は，自然の中には存在しない。言語学の対象としての言語とは，まさにそういったものなのである」から，言語（≒言葉）に「規範」がないことがわかる。また，下から2行目に「言語変化はたいていシステマティックに起こっており」とあることから，言葉が変化するものであるとわかる。よって正解は2。

◆ら抜き言葉（下から4行目）：本来「見られる」「食べられる」のように言うべき語を，「見れる」「食べれる」のように言った語。文法的には誤りであり，新聞や公式な場などでは使われないが，話し言葉では認めてもよいという意見もある。

◆「全然オッケー」（下から4行目）：「全然」は，「全然違う」のように，否定的な語だけを伴うものだという意見と，「全然大丈夫」のように，肯定的な語も伴ってよいという意見がある。

◆システマティック（下から2行目）：systematic 体系的な。

II

「■メニューの条件」に「3．お米と地元の野菜をメニューに取り入れる」とあるため，正解は3。

〈 誤答解説 〉

1．「■メニューの条件」に「2．調理時間は1時間以内とする。（下準備の時間も含む）」とある。

2．「■審査」に「書類審査後，書類審査通過者に実技審査を実施し，入賞者を決定します」とあるため，全員が実技審査を受けるわけではない。

4．「■審査」の「・審査基準」の中に「○外見（彩り，見た目の美しさ）」という項目がある。

III

2行目「都心のカラスは，東京湾の『夢の島』で残飯を食べていた」→4行目「残飯類は焼却炉で燃やしてしまうため，東京湾にでかけてもカラスたちは胃袋を満たせなくなってしまった。この分別収集法の導入をきっかけに，都心の繁華街でカラスが急増した」という流れになっている。よって正解は1。

IV

6行目に「近代社会の出発点は，『ヒトは，モノを所有する主体である』という原則が確立したことにある」とあるため，正解は3。

◆「ヒト（人）」「モノ（物）」のように，ふつう漢字で書く語をカタカナで書くことで，その語を目立たせたり，特別な意味を持たせたりする場合がある。

V

2行目に「『二文化間比較』という方法には，どちらか一方の文化に価値判断の基準を置こうとする意識がはたらきやすい」とある。つまり，二つの文化を比較すると優劣の意識を持ちやすいということである。

それに対して筆者は，最終文で「もう一つの異なる文化を入れて三つ以上の比較を行うと，三者それぞれが相対化されて，『どれも多様な文化の中の一つである』という風に，それぞれを公平な見方で観察しやすい」と言っている。よって正解は2。

VI

　下線部の直前に「第一の読者が第二の読者を兼ねているとすれば」とあるので，「第一の読者」「第二の読者」について述べられている2段落目・3段落目を見るとよい。

　「第一は教養のための読書」（2行目），「第二は娯楽としての読書」（4行目）とあるので，この両方の要素が含まれた3が正解。

VII

　下線部直後の1文に「そこで話されていることについては，語っている受験生も，そのきっかけをつくった試問者も，どちらもその生成に関与している」とあるため，正解は3。

VIII

　最終文に「私達は目を閉じていても，色のエネルギーを受け取っている」とあるため，正解は2。

IX

　4行目に「ギグワークとは何か即興で集まってやる仕事を指すのではないか」とあるように，「ギグ」という言葉は「集まって何かを行う」という印象を与える。

　しかし，下から4行目に「ギグワーカーたちは集わない。彼らは孤独だ」とある。つまり，ギグワーカーには「ギグ」という言葉が入っているのに，彼らは集まらない，ということに筆者は「はっとした」（6行目）のである。したがって正解は1。

◆言い得て妙（1行目）：うまい表現をほめて言う語。ここでの「妙」は，「優れているさま」という意味。

X

　まず，下から2段落目2行目「そのことが，食材の下ごしらえや出汁と調味料の工夫をはじめ，調理技術の飛躍的な向上をもたらした」という記述を見つける。「そのこと」は，直前の1文「精進料理では……刺激の強い食材の利用が禁止され，調理のしかたにも細かい制約がありました」という内容を指す。したがって3が正解。

XI

問1　2段落目に「キャリアマネジメントとは，

……会社に管理されてきた自分のキャリアを，自分の問題として自身でも管理・運用していこうというものである」「『キャリア』とは職業を中心にした人生全体のことである」とあるため，正解は3。

問2　下線部を含む1文の頭に「それによって」とあるので，ここより前にある記述に注目する。

　直前の1文を見ると，「職場レベルでも部門長が（キャリアマネジメントの）プランの実行を促進，部門長を支援する人材開発担当者がこれをフォローしていくかたちで展開できれば，かなりの確率でキャリアマネジメントが機能する」とある。そしてキャリアマネジメントが機能すれば，「個人の市場価値が高まる可能性が出てくる」のである。以上より正解は4。

XII

問1　2段落3行目に「人間がスギヒラタケは毒だと思っていようと安全だと思っていようと，それとは独立に毒であることは決まっている」とあるため，正解は2。

　「それとは独立に」というのは，ここでは「人間の考えに関係なく」という意味。

問2　下線部直後の1文に「前の時代と現代とでは芸術の概念が違っているということになる」とあるため，正解は3。

XIII

問1　2段落3行目に「森林が放置され，人間の手が入らなくなると，旧来の生態系が維持できなくなる」とあることから考える。

　（　A　）の直後にある「山が荒れる」は，「生態系が維持できなくなる」ことを指す。したがって，「人間の手が入らなくなる」と同様の意味である3が正解。

◆手が入る（5行目）：他の人が関与して，直したり補ったりする。

問2　最終段落に「生態系の維持という目的のためには，実は人間の活動が非常に重要なファクターとなってくる」「今の保全生態学ではそうではなく，むしろ人間の活動を計算に入れないときちんと対処できないので，必要な情報の中に入れています」

とあるため，正解は1。

◆ファクター（最終段落1行目）：factor　要因。

XIV
問1　下線部内に「その」という指示詞があるので，下線部より前を見ればよい。

　3～6行目を見ると，「ガソリン車に関わるビジネスで社会的成功を収めてきた人や企業は**これまでのやり方を続けることができず，苦境に立たされる**かもしれません」「これまで維持されてきた『**序列**』が変わってしまう可能性もあります」とある。つまり1段落目では，社会的に成功している人は，「序列」（＝現状の経済システム）が変化することを脅威に感じるのではないか，と述べている。よって正解は2。

問2　下から3行目に「**格差が存在する現在のアメリカ社会の経済システムを正当だと考える人**ほど，外気温を実際よりも低く予想しました。加えて，外気温を低く見積もった人たちは，**気候変動に懐疑的な反応**も示しました」とあるため，正解は4。

XV
問1　下線部の直前に「発注を受けるメーカーでは商品をつくる必要があり，**より長い時間がかかる**ため」とあるため，正解は2。

問2　最終段落に「需要予測はサプライチェーンの所々で発生する**時間のギャップを埋める**役割を担います」とあるため，正解は1。

◆ギャップ（下から2行目）：gap　ここでは「すきま」という意味。「時間のギャップ」は，ここでは，商品が顧客に届くまでに生じる無駄な時間のこと。

XVI
問1　1段落3～4行目に「認知地図上では，……簡略で均整のとれた配列や幾何学的形状になりがちです」とあるため，正解は3。

問2　最終段落2行目に「認知地図は，空間を移動することで得た直接的情報と，地図などの媒体から得た間接的情報から形成されますが，**後者**（＝地図などの媒体）**から得た情報には個人差が小さく比較的正確な認知地図になる**といわれています。したがって，多くの人が地図を使えば，それによって共通の認知地図が形成されやすくなります」とあるため，正解は1。

XVII
問1　3段落1行目に「恋愛も，おしゃれなライフスタイルを彩るものと位置づけられるようになった」とあるため，正解は4。

問2　（　A　）の前では，「1990年代に入り……『**純愛**』が称揚されるようになります」「テレビドラマが提供する物語は，私たちの社会を映し出す鏡である」とある。また（　A　）の後では，「『**純愛**』的な要素を持つドラマが多くの人びとから支持を集めるようになっています」とある。

　したがって，前の事柄の当然の結果として後の事柄が起こる，という関係なので，順接である4の「ですから」が入る。

問3　最終段落に「『恋する』ことが，生きる『意味』と重なっていくような社会が現れてきた」とあるため，正解は2。

	5		10		15		20

　大学は入学よりも卒業を難しくすべきだと考える。大学は本来、高度な研究を行うための場所であり、また、多様な人がいるほうが優れた研究成果が生まれやすいと思うからだ。

　確かに、大学の卒業より入学を難しくする　100
ことには、成績優秀な学生が集まるというメリットがある。優秀な学生ばかりであれば、教育内容も高度にできるため、熱心に勉強する学生は優れた研究成果を上げることができ
るだろう。しかし、卒業の条件が易しければ、200
勉強にも研究にも真剣に取り組まず、遊んで過ごす学生がたくさん出てくるおそれがある。

　一方で、入学より卒業を難しくすれば、学生は入学後も熱心に勉強や研究に取り組む。デメリットとして、成績優秀でない学生も入　300
学できてしまうことが挙げられるかもしれない。しかしそれは、言い換えれば、入学生が多様になるということだ。さまざまな背景や考え方をもつ仲間とともに過ごすことで、斬新なアイディアが生まれ、優れた研究がなさ　400
れる可能性がある。

　以上より、学生に勉強や研究を促し、また優れた研究が生まれる土壌をつくるため、入学より卒業を難しくするのがよいと私は考える。　500

	5		10		15		20

　人生において、仕事の選択は最も大きな選択の一つです。収入が高い仕事を選べば、もちろん経済的には安定します。しかし仕事内容が好きなものでなければ、仕事中にストレスを感じてしまうと思います。　100

　例えば、私の兄は絵を描くことが好きなのですが、絵に関連する仕事では十分な収入を得られないと考え、得意なプログラミングの技術を生かして高い収入を得られる会社に就職しました。しかし、ストレスのせいで体調　200
を崩し、結局数年で退職してしまいました。

　一方で、好きなことを仕事にすれば、比較的ストレスなく働くことができます。たくさんのお金があっても、仕事がつらいものであれば、楽しく暮らすことは難しいでしょう。　300
また、精神的苦痛から体調を崩せば、働くこともできなくなります。

　収入が高く、かつ好きなことを仕事にできれば一番よいのですが、そのような仕事を見つけるのはなかなか困難です。私は、楽しく　400
健康に暮らすことを最優先したいので、最低限の収入を確保したうえで、好きなことを仕事にしたいと考えます。

　　　　　　　　　　　　　　　　　　　500

採点基準　できていたら✓をつけよう！

テーマ番号1

☐ 卒業より入学を難しくすべきだという考えについて書いている。

☐ 入学より卒業を難しくすべきだという考えについて書いている。

☐ 大学の入学と卒業について，自分の考えを書いている。

テーマ番号2

☐ 好きではないが収入が高い仕事をすることについて書いている。

☐ 収入は低いが好きな仕事をすることについて書いている。

☐ 仕事の選び方について，自分の考えを書いている。

POINT

・問題文で「両方の考え方に触れながら，あなたの考えを述べなさい。」などと書かれていた場合は，それぞれの考え方のよい点や悪い点について書けばよい。そしてそれらのよい点や悪い点をふまえて，自分の考えを述べればよい。

読解 正解

問	解答番号	正解	問		解答番号	正解
I	1	③	XI	問1	11	④
II	2	④		問2	12	③
III	3	①	XII	問1	13	①
IV	4	②		問2	14	③
V	5	③	XIII	問1	15	②
VI	6	④		問2	16	②
VII	7	④	XIV	問1	17	③
VIII	8	①		問2	18	①
IX	9	②	XV	問1	19	④
X	10	①		問2	20	①
			XVI	問1	21	③
				問2	22	②
			XVII	問1	23	③
				問2	24	①
				問3	25	④

読解 解説

I

2段落2行目「(大学教授や科学者は)論文を書くのと同じ調子で一般向けの本も書いちゃう」，3段落1行目「編集者は……これは論文調だから一般読者は読まない，専門用語がたくさん出てきて難しいから商業出版としては成り立たない，そういう常識的な判断をする」とあるため，正解は3。

II

「○試験開始前の注意」の1つ目の項目に「試験当日に学生証を忘れた者は，学生課で仮学生証の交付を受けること」とあるため，正解は4。

〈 誤答解説 〉

1．最後に「※ノートやテキスト類の持ち込みが許可されている場合……」とあるので，すべての試験でノート類の持ち込みが禁止されているわけではないとわかる。

III

2段落目によれば，昆虫は成虫になる際に変態をすることで「飛翔能力」を獲得するなどし，「別の場所に(多くの場合，飛んで)分散し，……ほ

かのよりよい生息環境に産卵する」。

また，最終文に「これらの事実(=変態しない昆虫の多様性が低いこと)は，飛翔や変態が昆虫の多様性に与える影響の大きさを如実に表している」とある。以上から正解は1。

IV

「悪い失敗」については，下から2行目に「失敗したひとにとって意味がなく，反省もされないので，習慣的にくり返され，やがて大きな失敗につながるリスクがある」とある。よって正解は2。

V

下から2行目に「いきなり英語の読解力をつけようとしても無理であり，その前に日本語の読解力が必要となる」とあるため，正解は3。

この文章は主に日本語母語話者に向けたものであるので，「日本語」=「母語」となる。筆者は，まず母語で読解力(文章の内容を理解する力)をつけてから，外国語を学ぶことが大切だと述べている。

VI

5行目に「茎や葉っぱの小さい高山植物は花が強調される。……枝葉を小さくするのはメリットがあるけど，それに合わせて花の大きさまで変えると不都合が生じる」とあるため，正解は4。

VII

下から3行目に「一読して，あと勝手なことを想像させてくれるのは，読者にとって好ましい読みものである」とあるため，正解は4。

また，2行目に「疑問がないと思わせる記事は，わかりやすい，けれども興味深くない」とあることからも，「疑問を持てる記事のほうがおもしろい」と筆者が考えていることがわかる。

VIII

3行目に「石器を利用し，食材を細かく切断することにより消化効率のよい食事ができるようになり，十分なエネルギーが脳容量の増大をもたらすことになりました」とあるため，正解は1。

IX

下から2段落目に「写真を専門に勉強しなくて

も，山が本当に好きだったらわざわざ写真の学校へ行かなくても山岳写真家になれる」などとある。つまり筆者は，写真家に必要なのは技術ではなく，撮りたいと思える被写体を持つことである，と考えている。よって正解は2。

★好きこそものの上手なれ（下から5行目）：好きなことには熱中できるから，自然と上達するものだ。

X

1・2段落では，人の状況に合わせて遊びのルールを変えることについて述べられている。

そして3段落に「実際の社会も同じです。この世に完璧な仕組みやルールはありません。……私たちの生きる社会は作り途中なのです」とある。よって正解は1。

XI

問1　下線部の直前に「もちろんまだ必要な食もモノも充分に得られない人も多くいます。でも……多くの人たちはモノを持ちすぎている」とあるため，正解は4。

問2　2段落最終文に「消費者が必要なモノだけを作って売って儲けられる時代は終わったといえるでしょう」とある。

3段落以降では，消費者にとって必要でないモノを売るために企業が何をしているかが述べられる。最終段落1行目に「グリーンとかヘルシーとか，意味づけや成分や形を変えて，とにかく売り続ける。それが資本主義のロジックだから」とあることから，正解は3。

★グリーン（最終段落1行目）：ここでは「環境に優しい」といった意味。

XII

問1　3段落2行目に「算数や数学の問題では，頭の中にある材料を出すだけでは答にならない。その場でなにか展開し，計算する必要がある。……数学の解答というのは，入れたものをただ出すのではなく，その場で作るものなのである」とあるため，正解は1。

問2　最終段落1文目に「本を読むときにも，そこに問題を見つけて，自分なりに解いてみることが，考える頭を育てるトレーニングになる」とあるため，正解は3。

XIII

問1　下線部直前にある「それ」は，1行目「『仏像は立っていない』ということ」を指す。「こういうこと」が指す内容は，下線部以降にある。「仏像は立っていない」の意味について，下線部以降で説明されているのである。

2段落2行目に「彫刻家が常に腐心している重力，立つ，という基準で見ると，仏像はその基準を満たしていない」とある。また，3段落最終文に「立っている足の裏に，力がかかっていないふうにも見えます」ともある。つまり，仏像には重力が感じられないということである。よって正解は2。

問2　下から2段落目に「仏像は，人間ではなく，超越的な存在なのです。ですから空中に浮遊しているかのような，立っていない造形のほうが，かえって仏像らしいとも言えます」とあるため，正解は2。

XIV

問1　「そこ」が指す内容は，下線部直前の「その判断（＝「どれくらい満足できる交渉だったか」）は想像以上に周りの影響を受けやすいこと」である。「周りの影響」とは，3段落「自分の限界より，どれだけ高く販売できたか／安く購入できたか」や，4段落「相手の限界ギリギリまで攻められたか」を指す。

つまり，交渉に対する満足感は，「高く売れたか」「安く買えたか」だけでなく，「最終的に決まった金額が，自分や相手の留保価格からどれだけ差があるか」によっても決まるのである。したがって正解は3。

問2　選択肢1は，例えば，「1万円までなら払える」と考えていた買い手（1万円が留保価格）に9900円で売った売り手が該当するので，選択肢1が最も満足度が高い場合となる。

〈 誤答解説 〉

2．例えば，「1万円までなら払える」と考えて
いた買い手（1万円が留保価格）に2000円で売っ
た売り手が該当するので，満足度は低い。

3．例えば，「1万円までなら払える」と考えて
いた買い手（1万円が留保価格）が9900円で買っ
た場合が該当するので，満足度は低い。

4．例えば，「最低5000円で売りたい」と考えて
いた売り手（5000円が留保価格）が1000円で売っ
た場合が該当するので，満足度は低い。

XV

問1　2段落最終文に「涙が非言語によるコミュ
ニケーションの手段になっているのです」とある
ことから，幼い子どもは他者にストレスを表現す
るために泣くので，他者がいないところでは泣か
ないと考えられる。よって正解は4。

問2　下から2段落目に「幼い子どものストレス
の涙も，成長するにつれて少なくなっていきます。
……ストレスの内容をことばで表現するように学
習させられるからです」とあるため，正解は1。

〈 誤答解説 〉

3．下から3行目に「非言語的なコミュニケーショ
ンとしての涙の機能はなくなっていきます」と
はあるが，「泣く機能が衰える」とは書かれて
いない。

XVI

問1　1行目に「科学の基礎知識を学ぶ理科は，
小中高においては必須の科目になっています」と
あるため，正解は3。

問2　2段落6行目に「科学・技術は絶対的に正
しいとか，科学・技術はまったく信用できないと
かの極端な立場ではなく，良い面と悪い面をしっ
かりと区分けする目を持ち，……そんな態度が求
められているのです」とあるため，正解は2。

XVII

問1　2段落1文目に「私たちが使うことばは，
モールス信号のように単純で変化しない体系では
なく，もっと複雑で多層的であり」とあるため，
正解は3。

問2　（　A　）の後の「（コードは）個人の一存
で変えることはできないのである」は，前の「コー
ドは，送り手と受け手が共通のものを使わなけれ
ば正しく伝達することができない」の言い換えと
なっているため，1の「つまり」が入る。

問3　2段落の下から3行目「ことばとは，いわ
ば雑多な決まりがなんとなく均衡をとっているに
過ぎず，部分的に不整合や制御しきれないところ
が見られる」，3段落2行目「（言語の体系の中で）
問題が生じているのは一部であって，ほとんどは
問題がない」などとあるため，正解は4。

付録

記述問題の解答の書き方

- はっきりと丁寧に，読みやすい字で書く。
- 題名や自分の名前は書かず，1行目から本文を書く。
- 「だ・である体」と「です・ます体」のどちらで書いてもよい。ただし，文章の中で統一する。

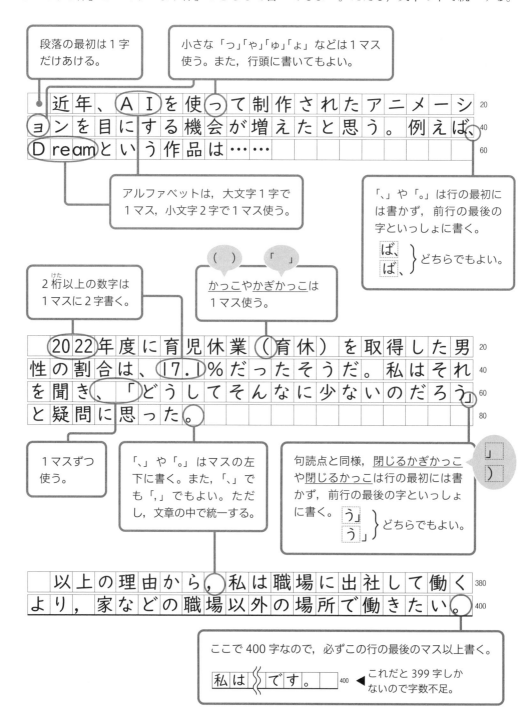

段落の最初は1字だけあける。

小さな「っ」「ゃ」「ゅ」「ょ」などは1マス使う。また，行頭に書いてもよい。

近	年	、	Ａ	Ｉ	を	使	っ	て	制	作	さ	れ	た	ア	ニ	メ	ー	シ
ョ	ン	を	目	に	す	る	機	会	が	増	え	た	と	思	う	。	例	え	ば	、
Ｄ	ream	と	い	う	作	品	は	…	…

アルファベットは，大文字1字で1マス，小文字2字で1マス使う。

「、」や「。」は行の最初には書かず，前行の最後の字といっしょに書く。
ば、／ば、 どちらでもよい。

2桁以上の数字は1マスに2字書く。

かっこやかぎかっこは1マス使う。

20	22	年	度	に	育	児	休	業	（	育	休	）	を	取	得	し	た	男
性	の	割	合	は	、	17.	1	%	だ	っ	た	そ	う	だ	。	私	は	そ	れ
を	聞	き	、	「	ど	う	し	て	そ	ん	な	に	少	な	い	の	だ	ろ	う
と	疑	問	に	思	っ	た	。

1マスずつ使う。

「、」や「。」はマスの左下に書く。また，「、」でも「,」でもよい。ただし，文章の中で統一する。

句読点と同様，閉じるかぎかっこや閉じるかっこは行の最初には書かず，前行の最後の字といっしょに書く。
う」／う」 どちらでもよい。

|以|上|の|理|由|か|ら|，|私|は|職|場|に|出|社|し|て|働|く|
|よ|り|，|家|な|ど|の|職|場|以|外|の|場|所|で|働|き|た|い|。|

ここで400字なので，必ずこの行の最後のマス以上書く。
私は〜です。 ◀ これだと399字しかないので字数不足。

日本語「記述」解答用紙

受験番号		名前	

テーマの番号 1 ┊ 2 ← 1または2のどちらかを選び，〇で囲んでください。

横書きで書いてください。 ➡

（解答用紙：20字×25行，500字）

20
40
60
80
100
120
140
160
180
200
220
240
260
280
300
320
340
360
380
400
420
440
460
480
500

日本語「読解」解答用紙

受験番号

名前

【マーク例】

良い例	悪い例
●	◐ ⊗ ◑

鉛筆（HB）でマークしてください。

解答番号	解答欄 1	2	3	4
1	①	②	③	④
2	①	②	③	④
3	①	②	③	④
4	①	②	③	④
5	①	②	③	④
6	①	②	③	④
7	①	②	③	④
8	①	②	③	④
9	①	②	③	④
10	①	②	③	④
11	①	②	③	④
12	①	②	③	④
13	①	②	③	④
14	①	②	③	④
15	①	②	③	④
16	①	②	③	④
17	①	②	③	④
18	①	②	③	④
19	①	②	③	④
20	①	②	③	④
21	①	②	③	④
22	①	②	③	④
23	①	②	③	④
24	①	②	③	④
25	①	②	③	④

解答番号	解答欄 1	2	3	4
26	①	②	③	④
27	①	②	③	④
28	①	②	③	④
29	①	②	③	④
30	①	②	③	④
31	①	②	③	④
32	①	②	③	④
33	①	②	③	④
34	①	②	③	④
35	①	②	③	④
36	①	②	③	④
37	①	②	③	④
38	①	②	③	④
39	①	②	③	④
40	①	②	③	④
41	①	②	③	④
42	①	②	③	④
43	①	②	③	④
44	①	②	③	④
45	①	②	③	④
46	①	②	③	④
47	①	②	③	④
48	①	②	③	④
49	①	②	③	④
50	①	②	③	④

解答番号	解答欄 1	2	3	4
51	①	②	③	④
52	①	②	③	④
53	①	②	③	④
54	①	②	③	④
55	①	②	③	④
56	①	②	③	④
57	①	②	③	④
58	①	②	③	④
59	①	②	③	④
60	①	②	③	④
61	①	②	③	④
62	①	②	③	④
63	①	②	③	④
64	①	②	③	④
65	①	②	③	④
66	①	②	③	④
67	①	②	③	④
68	①	②	③	④
69	①	②	③	④
70	①	②	③	④
71	①	②	③	④
72	①	②	③	④
73	①	②	③	④
74	①	②	③	④
75	①	②	③	④

好評発売中!!

行知学園教育叢書のご案内

日本留学試験(EJU) 必修単語12000語

よく出る順に効率よく学び, EJU必修単語を完全攻略!

A5変形判
本体2,000円+税
978-4-909025-69-2

日本留学試験(EJU)対策 実践トレーニング 全国模擬試験 シリーズ

文系,理系の受験生に 必要な3科目を2回分収録!!

文系編vol.2　B5判
本体2500円+税
978-4-909025-80-7

理系編vol.2　B5判
本体2800円+税
978-4-909025-82-1

留学生のための大学二次試験 完全攻略本
難関大学編 日本語・小論文・作文

この1冊で出願から入試対策 まですべてがわかる!

A4判
本体3,200円+税
978-4-909025-79-1

日本留学試験(EJU)対策 完全マスター 総合科目

全ページカラーで地図もグラフもわかりやすい! 教科書の決定版!!

EJUで出題された問題を徹底的に研究・分析した成果を盛り込んで作成された,最新の「教科書」です。各章の冒頭に重要なポイントを示したり,カラーで見やすい地図やグラフを数多く掲載したりするなど,効率的な学習を支援するための工夫がいっぱいです。

B5判　本体2,800円+税
978-4-909025-71-5

ピアで学ぶ日本語会話
─日本語の知識を話す力に─活動260 初級〜中級

話す力が養われる 実践的会話教材の決定版!

ピア・ラーニングの手法を取り入れ,学習仲間と様々な課題に取り組みながら,実践的に日本語を学ぶ会話教材。バラエティーに富む260もの活動を収録しています。2枚のCDに加え,教案や授業の振り返りシートなど,副教材が無料でダウンロードできる特典付き。

B5判　本体2,500円+税
978-4-909025-77-7

日本留学試験(EJU)対策　模擬試験問題集 シリーズ

最新傾向のEJU対策問題集新シリーズ!!　解説付きで自主学習に最適!

最新のEJUを徹底分析し,実際のEJUに近い問題を10回分収録!　ポイントが分かる巻末の略解や解説を活用し,繰り返し解くことでしっかり実力がつきます。効率的な自主学習に最適です。

数学コース1　B5判
本体1,800円+税
978-4-909025-72-2

数学コース2　B5判
本体2,000円+税
978-4-909025-48-7

総合科目　B5判
本体2,200円+税
978-4-909025-73-9

物理　B5判
本体2,000円+税
978-4-909025-46-3

2024年 · 行知学園
合格実績

東京大学	61名	神戸大学	13名
京都大学	31名	筑波大学	23名
一橋大学	16名	横浜国立大学	23名
東京工業大学	43名	東京都立大学	8名
慶應義塾大学	51名	東京理科大学	60名
早稲田大学	114名	上智大学	22名
大阪大学	25名	同志社大学	26名
東北大学	14名	立教大学	43名
北海道大学	12名	明治大学	32名
名古屋大学	26名	中央大学	52名
九州大学	35名	青山学院大学	17名
		法政大学	49名
		立命館大学	137名
		関西大学	31名
		関西学院大学	47名

統計標準：行知学園統計的合格数据均以签有入学协议并在行知学园上课为准，仅咨询，参加公开讲座未签约入学者不记录在榜。本合格榜包含留学生入试，一般入试，AO入试，SGU入试等途径合格者。

行知学園
COACH ACADEMY

扫码咨询

新大久保校｜高田馬場校｜大阪校｜京都校｜上海｜長沙｜天津｜西安｜瀋陽｜南京｜大連｜広州

新宿本校
咨询电话 080-4355-6266
咨询QQ 268001216

高田馬場校
咨询电话 080-4355-6266
咨询QQ 268001216

大阪校
咨询电话 080-3459-1596
咨询QQ 1664201216

京都校
咨询电话 080-9696-6066
咨询QQ 744534305

行知学园 精彩课程 汇聚线上

行知在线 | GO

COACH ONLINE

行知学园
COACH ACADEMY

直播课程
精品录播

留考类：EJU日语 / 文综 / 数学 / 物理 / 化学 / 生物
语言类：JLPT日语能力考 / 托业 / 托福
美术类：素描 / 印象表现 / 色彩构成

公开
讲座

大学官方说明会 / 学部升学指导讲座 / SGU专题会
志望理由书面试讲座 / 美术升学指导讲座

EJU线上
模拟考

贴近真题 / 多套任选 / 在线评测 / 分数速查
讲解视频 / 成绩分布 / 总结点评 / 自我评估

教辅
周边

日本留考全真模拟 / 留考单词随身记 / 校内考攻略

扫码收藏
随时随地
在线学习

行知在线首页

行知学園教育叢書

日本留学試験(EJU)対策　模擬試験問題集　日本語 記述・読解

2024年 8 月 8 日　初版第 1 刷発行

編著者	行知学園株式会社
発行者	楊 舸
発行所	行知学園株式会社
	〒169-0073
	東京都新宿区百人町2-8-15　ダヴィンチ北新宿 5F
	TEL：03-5937-2809　FAX：03-5937-2834
	https://coach-pub.jp/
	https://coach-ac.co.jp/　（日本語）
	https://www.koyo-coach.com/　（中国語）
カバーデザイン	clip
印刷所	シナノ書籍印刷株式会社

万が一，落丁・乱丁がございましたら，送料小社負担にてお取り替えいたします。お手数ですが，小社までご返送ください。本書の内容はすべて，著作権法上の保護を受けております。本書の一部あるいは全部について，行知学園株式会社から事前の許諾を得ずに，無断で複写・複製・翻訳することは禁じられています。

© 2024 Coach Academy Co.,Ltd. All Rights Reserved.
Printed in Japan
ISBN 978-4-909025-51-7　C2081